JN108651

表・メダル・マーク　保育環境をもっと楽しく！

▲誕生表（P024-P027）
スペースに応じて飾り方をアレンジできます。

メダル（P029）▶
厚紙を貼ってリボンを付ければ、素敵なメダルが完成します。誕生会や運動会、卒園式などの行事で使えます。

◀当番表（P028）
フックを貼り付け、名前カードにリングを通して掛けたら、簡単かわいい当番表の出来上がり！　厚紙に貼って壁に掛けたり、段ボール板やお菓子の箱に貼って、置いて飾ってもいいですね。

バッジ（P028）▶
厚紙を貼ってリボンを付け、安全ピンを通すとバッジになります。

おとうばん

ペープサートにも！

◀個人・グッズマーク（P030-P039）
子どもの持ち物に貼ると個人マークとして使えます。グッズマークは、子どもに分かりやすく表示でき、整理整頓できますね。

CONTENTS

ポスター・カード　子どもたちに分かりやすく伝える！

ちょこっと紹介！ 使い方例

▲生活ポスター （P040-P041）
「○○するのは何時？」は、子どもたちに時間を伝えたいときに大活躍！ 時計の針を自由に動かせるようにして、子どもたちが時計を使って遊べるようにしてもいいですね。

◀食育ポスター （P044-P045）
「バランスよく食べよう」は、三色の食品群を紹介しています。どの食べ物が何色になるのか、子どもの学びにつながります。

保健ポスター （P042-P043）▶
「トイレの使い方」は、一つひとつの動作を分かりやすく伝えています。

▲行事ポスター （P046-P047）
災害時のお約束「おはしも」は、子どもの目に留まるところに貼って、ふだんから意識できるようにするといいですね。

とうえんする

にもつの よういを する

あさの かい

▲生活カード（P048-P053）
生活カードを並べることで、「一日の流れ」や「健康診断・身体計測の順番」などを子どもたちに分かりやすく伝えることができます。

わらう

なく

▲生活カード（P048-P053）
気持ちを伝えるのが難しいときには、表情や援助要求のカードを使って援助をしましょう。

CONTENTS

健康・食育だより　健康・食育のおたよりで使える！

生活習慣　子どもの姿・保育場面を細かくイラストに

ワンランクUp♬ おしゃれイラスト　いつもと違った雰囲気に仕上がる♪

アイディアいろいろ☀

おたよりのアクセントに！

ワンポイントに！

プログラム・しおりに！

本書の特長

＼特長 1／
**現場発！
本当に使える
イラストたっぷり！**

現場の保育者にアンケートを実施し、本当に欲しいイラストを徹底調査！ 調査をもとに、現場経験のある保育者と一緒にイラスト内容を考えました。

＼特長 2／
**保育で使える
かわいいイラストが
大ボリュームで！！**

17名の人気イラストレーターによる描き下ろし！カラー1297点、モノクロ2122点、合計3419点の大ボリューム！

＼特長 3／
**おたよりで使える
子どもの姿が
たっぷり！**

0〜5歳児の子どもの姿がたっぷりで、ふだんのおたよりで使えるモノクロイラストを種類豊富にそろえました。保育場面を細かく描いています。

＼特長 4／
**保育で使える
おしゃれイラストで
ワンランク UP！**

ふだんのおたよりやプログラム・しおりなどでも使えるおしゃれイラストで、いつもと違った雰囲気に！保護者の目に留まり、楽しく伝わりますね。

本書の見方

イラストの種類を示しています。

同じイラストを掲載しているモノクロページを示しています。

★用途に合わせて
●ファイル名に A を含む：
　文字入りのデータ
●ファイル名に B を含む：
　文字無しのデータ

同じイラストを掲載しているカラーページを示しています。★印の付いているイラストは、カラーとモノクロ両方のデータがあります。

イラストサイズは、基本的に紙面に掲載しているサイズです。例外のものはページ下部にて示しています。

掲載イラストの使い方例をいくつか紹介しています。紹介している用途に限らず、皆さんのアイディアでどんどんアレンジしてみてください。

DVD-ROM に収録しているイラストのファイル名を示しています。

★用途に合わせて
●ファイル名に C、D を含む：
　紙面では一つのイラストとして掲載していますが、データでは C、D 二つのイラストに分かれます。

DVD-ROM 内のイラストが収められている場所を示しています。

モノクロイラストのうち、一部を縮小して掲載しています。データサイズはカラーイラストと同様です。

＊ DVD-ROMの使い方は、
　P153をご覧ください。

モノクロはP072-P074の★

▼壁面デザイン案

P008_01

P008_02

P008_03

P008-P064 _color → P008-P023 _kisetsu → P008

こんな
ところで
使える

P008

☑ 春の壁面飾りに
☑ 入園式・卒園式などの幕・会場飾りに
☑ 入園のしおりに

P009

☑ 入園式・卒園式の案内状に
☑ 卒園アルバムに
☑ お祝いメッセージに

季節のイラスト

春

▼誕生日

P009_01_A　P009_01_B

▼入園

P009_02

P009_03

P009_04

P009_05

P009_06

P009_07

P009_08

P009_09

P009_10

P009_11

▼卒園

P009_12

P009_13

P009_14

P009_15

※ファイル名に「A」を含むものは「文字入り」のイラスト、「B」を含むものは「文字無し」のイラストです。　P008-P064_color → P008-P023_kisetsu → P009

009

季節のイラスト　春

モノクロはP073-P077の★

▼卒園（続き）

P010_01

P010_02

P010_03

P010_04

P010_05

P010_06

P010_07

P010_08

▼春の行事

P010_09

P010_10

P010_11

P010_12

P010_13

P010_14

P010_15

P010_16

季節のイラスト

春

P011_01

P011_02

P011_03

P011_04

P011_05

P011_06

P011_07

P011_08

▼園だよりなどの飾り枠

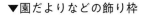

P011_09

P011_10

P011_11

P011_12

P011_13

P011_14

P008-P064
_color → P008-P023
_kisetsu → P011

011

季節のイラスト 夏

モノクロはP082-P083の★

▼壁面デザイン案

P012_01

P012_02

▼園だよりなどの飾り枠

P012_03

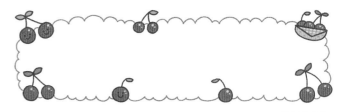

P012_04

P012_05

P012_06

P008-P064
_color → P008-P023
_kisetsu → P012

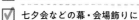
こんなところで使える

- ☑ 夏の壁面飾りに
- ☑ 七夕会などの幕・会場飾りに

- ☑ 暑中・残暑見舞いに
- ☑ 夏祭り・お泊り保育のしおりに

季節のイラスト

夏

▼誕生日

P013_01_A　　P013_01_B

▼夏の行事

P013_02

P013_03

P013_04

P013_05

P013_06

P013_07

P013_08

P013_09

P013_10

P013_11

P013_12

P013_13

P013_14

P013_15

※ファイル名に「A」を含むものは「文字入り」のイラスト、「B」を含むものは「文字無し」のイラストです。

P008-P064_color → P008-P023_kisetsu → P013

モノクロはP092-P093の★

▼壁面デザイン案

P014_01

P014_02

▼園だよりなどの飾り枠

P014_03

P014_04

P014_05

P014_06

P008-P064
_color → P008-P023
_kisetsu → P014

こんな
ところで
使える

☑ 秋の壁面飾りに

☑ 運動会のプログラムに

☑ 運動会・作品展の案内状に

☑ 敬老の日の手紙に

☑ 秋の遠足のしおりに

季節のイラスト

秋

▼誕生日

おたんじょうび
おめでとう

P015_01_A　　P015_01_B

▼秋の行事

P015_02

P015_03

P015_04

P015_05

P015_06

P015_07

P015_08

P015_09

P015_10

P015_11

P015_12

P015_13

P015_14

P015_15

※ファイル名に「A」を含むものは「文字入り」のイラスト、「B」を含むものは「文字無し」のイラストです。

P008-P064
_color
→
P008-P023
_kisetsu
→
P015

モノクロはP102-P103の★

▼壁面デザイン案

P016_01

P016_02

▼園だよりなどの飾り枠

P016_03

P016_04

P016_05

P016_06

P008-P064 _color → P008-P023 _kisetsu → P016

P016

☑ 冬の壁面飾りに

☑ 発表会などの幕・会場飾りに

P017

☑ 発表会の案内状に

☑ クリスマスカードに

☑ 年賀状に

こんなところで使える

季節のイラスト

冬

▼誕生日

おたんじょうび
おめでとう

P017_01_A　P017_01_B

▼冬の行事

P017_02

P017_03

P017_04

P017_05

P017_06

P017_07

P017_08

P017_09

P017_10

P017_11

P017_12

P017_13

P017_14

P017_15

季節・行事の飾り枠

モノクロはP065-P067の★

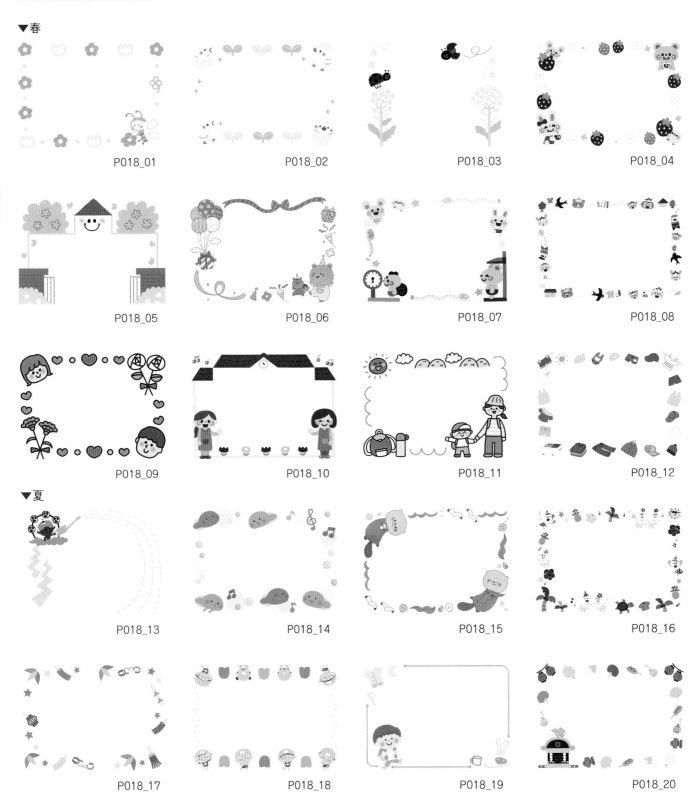

▼春

P018_01

P018_02

P018_03

P018_04

P018_05

P018_06

P018_07

P018_08

P018_09

P018_10

P018_11

P018_12

▼夏

P018_13

P018_14

P018_15

P018_16

P018_17

P018_18

P018_19

P018_20

P008-P064_color → P008-P023_kisetsu → P018　※データサイズは全てB6です。

こんなところで使える💡

- ☑ 行事ごとのメッセージカードに
- ☑ 日時・持ち物などのお知らせに
- ☑ お手紙ごっこに

- ☑ 誕生カード・誕生児の写真フレームに
- ☑ 行事ごとの賞状に

季節・行事の飾り枠

▼秋

P019_01

P019_02

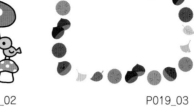

P019_03

P019_04

P019_05

P019_06

P019_07

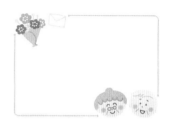

P019_08

▼冬・早春

P019_09

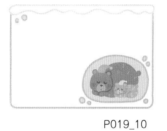

P019_10

P019_11

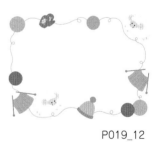

P019_12

P019_13

P019_14

P019_15

P019_16

P019_17

P019_18

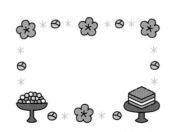

P019_19

P019_20

※データサイズは全てB6です。　P008-P064_color → P008-P023_kisetsu → P019

季節の飾り線

- ☑ ラベルなどのワンポイントカットに
- ☑ 飾り線を上下に入れて、メッセージカードに

モノクロはP068-P071の★

季節の飾り線

▼春

P020_01

P020_02

P020_03

P020_04

P020_05

▼夏

P020_06

P020_07

P020_08

P020_09

P020_10

▼秋

P020_11

P020_12

P020_13

P020_14

P020_15

▼冬

P020_16

P020_17

P020_18

P020_19

P020_20

P008-P064_color → P008-P023_kisetsu → P020

こんなところで使える？

- ☑ ハガキにそのまま印刷できる
- ☑ その年の干支に差し替えられる
- ☑ ペープサートにして干支のお話に

 モノクロはP139　　※フチ（余白）なし印刷はP157をご参照ください。

▼年賀状

P021_01

あけまして
おめでとう
ございます

あけまして
おめでとう
ございます

P021_03_A　P021_03_B　　　　P021_04_A　P021_04_B

あけまして
おめでとう
ございます

P021_02_A　P021_02_B

十二支▶

P021_05　　　　　　P021_06

P021_07

P021_08

P021_09

P021_10

P021_11

P021_12

P021_13

P021_14

P021_15

P021_16

※ファイル名に「A」を含むものは「文字入り」のイラスト、「B」を含むものは「文字無し」のイラストです。

※年賀状のデータサイズはハガキの原寸です。　P008-P064_color → P008-P023_kisetsu → P021

文字・数字

モノクロはP112-P113の★

▼ひらがな

あいうえおかきくけこさしすせ
そたちつてとなにぬねのはぴふ
へほまみむめもやゆよらりるれ
ろわをんがぎぐげござじずぜぞ
だぢづでどばびぶべぼぱぴぷぺ
ぽぁぃぅぇぉゃゅょっー、。

P022_001〜083

▼カタカナ

アイウエオカキクケコサシスセ
ソタチツテトナニヌネノハヒフ
ヘホマミムメモヤユヨラリルレ
ロワヲンガギグゲゴザジズゼゾ
ダヂヅデドバビブベボパピプペ
ポァィゥェォャュョッー、。

P022_084〜166

P008-P064 _color → P008-P023 _kisetsu → P022 ※一文字のデータサイズは全て30mm×30mmです。

こんな
ところで
使える💡

- ☑ プログラム（運動会・発表会　など）に
- ☑ 壁面飾り（あけましておめでとう　など）に
- ☑ メッセージカード（HAPPY BIRTHDAY 2さい　など）に
- ☑ 誕生表・カレンダーの月の数字に
- ☑ 誕生会の幕飾りに

文字・数字

▼アルファベット

A B C D E F G H I J K L M
N O P Q R S T U V W X Y Z

P023_01〜26

▼数字

0 1 2 3 4 5 6 7 8 9

P023_27〜36

▼月の数字

P023_37

P023_38

P023_39

P023_40

P023_41

P023_42

P023_43

P023_44

P023_45

P023_46

P023_47

P023_48

※データサイズ…アルファベット・数字：30mm×30mm／月の数字：80mm×80mm

P008-P064
_color → P008-P023
_kisetsu → P023

誕生表

モノクロはP139　　※フチ（余白）なし印刷やポスター印刷はP157をご参照ください。

P024_01

使い方
P024_02〜13の各月に、子どもの誕生日の
日付と名前を入れます。P024_01の周りに
P024_02〜13を貼って飾りましょう。

P024_02　　P024_03　　P024_04　　P024_05

P024_06　　P024_07　　P024_08　　P024_09

P024_10　　P024_11　　P024_12　　P024_13

こんな
ところで
使える💡

☑ 誕生会の幕・会場飾りに

☑ 年中使える壁面飾りに

☑ モノクロ印刷（P139）して、塗り絵で誕生表作りができる

おたんじょうびおめでとう

P025_01

誕生表

（使い方）
P025_02～13の各月に、子どもの誕生日の
日付と名前を入れます。P025_01のプレゼ
ントボックス中央のスペースに、該当の誕生
月を貼りましょう。誕生月以外の月は
P025_01の周りに貼り、中央の誕生月は毎
月貼り替えます。

P025_02

P025_03

P025_04

P025_05

P025_06

P025_07

P025_08

P025_09

P025_10

P025_11

P025_12

P025_13

※データサイズ…おたんじょうびおめでとう：A3／各月：A4　　P008-P064_color → P024-P039_hyou_medal_mark → P025

モノクロはP140　　※フチ（余白）なし印刷やポスター印刷はP157をご参照ください。

P026_01

使い方

P026_02～13の各月に、子どもの誕生日の
日付と名前を入れます。P026_01の周りに
P026_02～13を貼って飾りましょう。

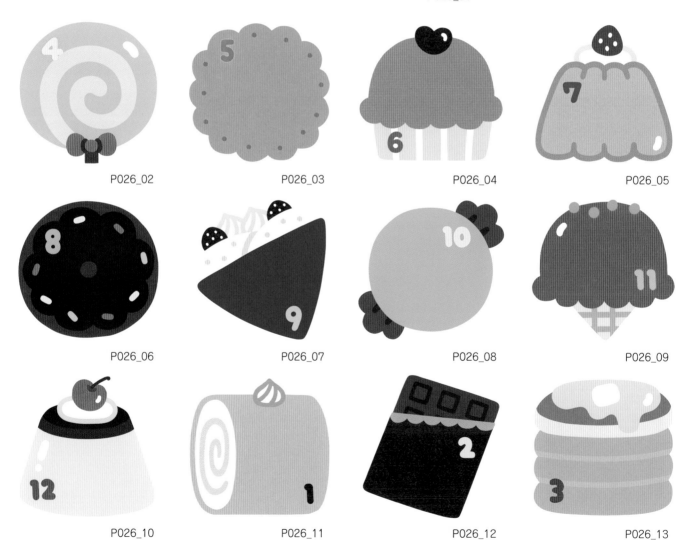

P026_02　　　　　　P026_03　　　　　　P026_04　　　　　　P026_05

P026_06　　　　　　P026_07　　　　　　P026_08　　　　　　P026_09

P026_10　　　　　　P026_11　　　　　　P026_12　　　　　　P026_13

　P008-P064
_color　→　P024-P039
_hyou_medal_mark　→　P026　※データサイズ…おたんじょうびおめでとう：A3／各月：A4

こんな
ところで
使える💡

☑ 誕生会の幕・会場飾りに

☑ 年中使える壁面飾りに

☑ モノクロ印刷（P140）して、塗り絵で誕生表作りができる

P027_01

誕生表

(使い方)
P027_02〜13の各月に、子どもの誕生日の
日付と名前を入れます。P027_01の周りに
P027_02〜13を貼って飾りましょう。

P027_02	P027_03	P027_04	P027_05
P027_06	P027_07	P027_08	P027_09
P027_10	P027_11	P027_12	P027_13

当番表

モノクロはP140　　　※フチ（余白）なし印刷やポスター印刷はP157をご参照ください。

こんな
ところで
使える

☑ モノクロ印刷（P140）して、塗り絵に
☑ 年中使える壁面飾りに

▼当番表

P028_01

▼名前カード

P028_02

(使い方)
左下の雲のスペースに風船を二つ並べます。

▼当番表

P028_03_A　　P028_03_B

▼名前カード

P028_04

(使い方)
「おとうばん」と書かれた下のスペースにドーナツを二つ並べます。（P003も参照）

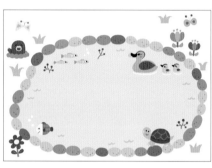

P028_05

P028_06

(使い方)
池の中央のスペースに魚を二つ並べます。

P028_07_A　　P028_07_B

P028_08

(使い方)
オレンジの花の上に名前カードの花を重ねます。

▼バッジ

P028_09_A
P028_09_B

P028_10_A
P028_10_B

P028_11

P028_12

P028_13_A
P028_13_B

P028_14

P008-P064
_color → P024-P039
_hyou_medal_mark → P028

※データサイズ…当番表：A3／P028_02・08：100mm×100mm／P028_04・06：70mm×70mm
／バッジ：直径100mm
※ファイル名に「A」を含むものは「文字入り」のイラスト、「B」を含むものは「文字無し」のイラストです。

メダル

モノクロはP141

こんなところで使える

- ☑ リボンなどを貼って華やかなメダルに
- ☑ プレゼントの飾りに

メダル

▼誕生日

P029_01

P029_02

P029_03

P029_04

▼運動会

P029_05

P029_06

P029_07

P029_08

▼卒園

P029_09

P029_10

P029_11

P029_12

▼多目的

P029_13

P029_14

P029_15

P029_16

※データサイズは全て直径100mmです。　P008-P064_color → P024-P039_hyou_medal_mark → P029

個人マーク

モノクロはP141-P142

▼動物

P030_01

P030_02

P030_03

P030_04

P030_05

P030_06

P030_07

P030_08

P030_09

P030_10

P030_11

P030_12

P030_13

P030_14

P030_15

P030_16

P030_17

P030_18

P030_19

P030_20

P030_21

P030_22

P030_23

P030_24

P030_25

個人マーク

動物

P008-P064 _color → P024-P039 _hyou_medal_mark → P030 ※データサイズは全て50mm×50mmです。

こんな
ところで
使える💡

☑ クラス・グループのマークに
☑ ペープサートの紙人形に
☑ 飼育物の表示に
☑ おたよりの挿絵として

▼鳥

P031_01

P031_02

P031_03

P031_04

P031_05

P031_06

P031_07

P031_08

P031_09

P031_10

▼水辺の生き物

P031_11

P031_12

P031_13

P031_14

P031_15

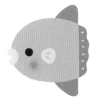

P031_16

P031_17

P031_18

P031_19

P031_20

P031_21

P031_22

P031_23

P031_24

P031_25

個人マーク

鳥・水辺の生き物

※データサイズは全て50mm×50mmです。　P008-P064_color → P024-P039_hyou_medal_mark → P031

モノクロはP142-P143

▼水辺の生き物（続き）

P032_01

P032_02

P032_03

P032_04

P032_05

P032_06

P032_07

P032_08

P032_09

P032_10

▼昆虫

P032_11

P032_12

P032_13

P032_14

P032_15

P032_16

P032_17

P032_18

P032_19

P032_20

P032_21

P032_22

P032_23

P032_24

P032_25

個人マーク

水辺の生き物・昆虫

☑ 飼育物の表示に	☑ プランターの表示に
☑ おたよりの挿絵として	☑ 手遊び『やおやのおみせ』に合わせて絵を見せると、低年齢児も分かりやすい

こんなところで使える💡

▼果物・野菜

P033_01

P033_02

P033_03

P033_04

P033_05

P033_06

P033_07

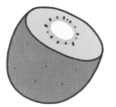

P033_08

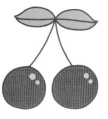

P033_09

P033_10

P033_11

P033_12

P033_13

P033_14

P033_15

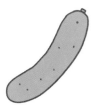

P033_16

P033_17

P033_18

P033_19

P033_20

P033_21

P033_22

P033_23

P033_24

P033_25

個人マーク

果物・野菜

※データサイズは全て50mm×50mmです。　P008-P064_color → P024-P039_hyou_medal_mark → P033

モノクロはP143-P144

▼果物・野菜（続き）　　　　　　　　　　　　　　　　　　　　　　　　　　▼草花

P034_01

P034_02

P034_03

P034_04

P034_05

P034_06

P034_07

P034_08

P034_09

P034_10

P034_11

P034_12

P034_13

P034_14

P034_15

P034_16

P034_17

P034_18

P034_19

P034_20

P034_21

P034_22

P034_23

P034_24

P034_25

　P008-P064_color → P024-P039_hyou_medal_mark → P034　※データサイズは全て50mm×50mmです。

- ☑ プランターの表示に
- ☑ 手遊び『やおやのおみせ』に合わせて絵を見せると、低年齢児も分かりやすい

- ☑ 厚紙に貼って、絵合わせカードに

▼乗り物

P035_01

P035_02

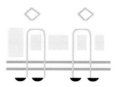

P035_03

P035_04

P035_05

P035_06

P035_07

P035_08

P035_09

P035_10

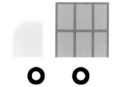

P035_11

P035_12

▼恐竜

P035_13

P035_14

P035_15

▼空

P035_16

P035_17

P035_18

P035_19

P035_20

P035_21

P035_22

P035_23

P035_24

P035_25

個人マーク

乗り物・恐竜・空

※データサイズは全て50mm×50mmです。　P008-P064_color → P024-P039_hyou_medal_mark → P035

グッズマーク

モノクロはP144-P145

▼持ち物

P036_01

P036_02

P036_03

P036_04

P036_05

P036_06

P036_07

P036_08

P036_09

P036_10

P036_11

P036_12

P036_13

P036_14

P036_15

P036_16

P036_17

P036_18

P036_19

P036_20

P036_21

P036_22

P036_23

P036_24

P036_25

グッズマーク

持ち物

P008-P064_color → P024-P039_hyou_medal_mark → P036 ※データサイズは全て50mm×50mmです。

こんな
ところで
使える

☑ おもちゃ箱・棚に付けて整理整頓に
☑ 持ち物のカゴやフックに付けて分かりやすく

グッズマーク

持ち物・備品

P037_01

P037_02

P037_03

P037_04

P037_05

P037_06

P037_07

P037_08

P037_09

P037_10

P037_11

P037_12

P037_13

P037_14

P037_15

P037_16

P037_17

P037_18

P037_19

P037_20

▼備品

P037_21

P037_22

P037_23

P037_24

P037_25

※データサイズは全て50mm×50mmです。　P008-P064_color → P024-P039_hyou_medal_mark → P037

モノクロはP145-P146

▼玩具

P038_01

P038_02

P038_03

P038_04

P038_05

P038_06

P038_07

P038_08

P038_09

P038_10

P038_11

P038_12

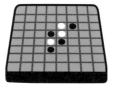

P038_13

P038_14

P038_15

P038_16

P038_17

P038_18

P038_19

P038_20

P038_21

P038_22

P038_23

P038_24

P038_25

P008-P064 _color → P024-P039 _hyou_medal_mark → P038 ※データサイズは全て50㎜×50㎜です。

こんな ところで 使える🔎

- ☑ おもちゃ箱・棚に付けて整理整頓に
- ☑ 持ち物のカゴやフックに付けて分かりやすく

▼製作用具

P039_01

P039_02

P039_03

P039_04

P039_05

P039_06

P039_07

P039_08

P039_09

P039_10

P039_11

P039_12

P039_13

P039_14

P039_15

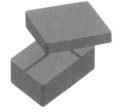

P039_16

P039_17

P039_18

P039_19

P039_20

P039_21_A　　P039_21_B

P039_22_A　　P039_22_B

グッズマーク

製作用具

※データサイズ…P039_01〜20：50mm×50mm／P039_21・22：幅150mm×高さ50mm
※ファイル名に「A」を含むものは「文字入り」のイラスト、「B」を含むものは「文字無し」のイラストです。

P008-P064 → P024-P039 → P039
_color　　　_hyou_medal_mark

モノクロはP146-P147　　※フチ（余白）なし印刷やポスター印刷はP157をご参照ください。

P040_01_A　　P040_01_B

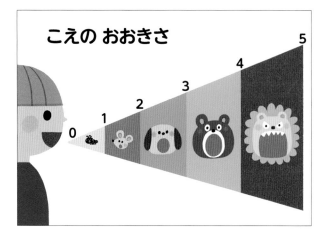

P040_02

P040_03

P040_04

P040_05

P040_06

こんな ところで 使える

- ☑ 園だよりのコラムに
- ☑ 集会で取り上げるときに見せると、視覚化されて分かりやすい

P041_01

P041_02

P041_03

P041_04

ポスター

生活

P041_05

P041_06

P041_07

ポスター

モノクロはP147-P148　　※フチ（余白）なし印刷やポスター印刷はP157をご参照ください。

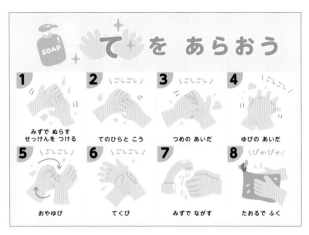

P042_01

P042_02

P042_03

P042_04

P042_05

P042_06

こんな
ところで
使える

☑ 保健・園だよりのコラムに
☑ 園内研修の資料に
☑ 新入園児に伝えるときに説明しやすい

P043_01

P043_02

P043_03

P043_04

P043_05

ポスター

保健

モノクロはP148　　※フチ（余白）なし印刷やポスター印刷はP157をご参照ください。

モノクロはP148　　※フチ（余白）なし印刷やポスター印刷はP157をご参照ください。

P044_01

P044_02

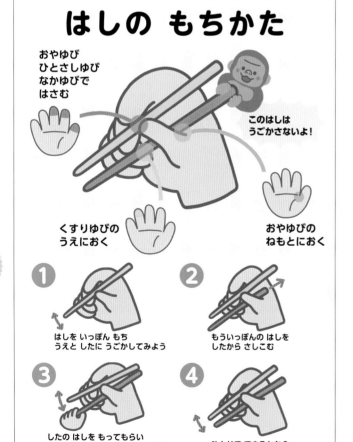

P044_03

P044_04

P044_05

こんな
ところで
使える

☑ 園・食育だよりのコラムに

☑ 園内研修の資料に

☑ ポスターに子どもの関心が向き、話をするきっかけに

P045_01

P045_02

P045_03_A　　P045_03_B

ポスター

食育

P045_04

P045_05

モノクロはP149　　　※フチ（余白）なし印刷やポスター印刷はP157をご参照ください。

P046_01

P046_02

P046_03

P046_04_A　　　P046_04_B

P008-P064 → P040-P053 → P046
_color 　_poster_card

※データサイズは全てA3です。
※ファイル名に「A」を含むものは「文字入り」のイラスト、「B」を含むものは「文字無し」のイラストです。

☑ 園だよりのコラムに
☑ 行事前のお約束に

P047_01_A　　P047_01_B

P047_02_A　　P047_02_B

P047_03

あそばないでください

P047_04

はいらないでください

P047_05

撮影はご遠慮ください

P047_06

トイレ

P047_07

オムツ替えコーナー

P047_08

授乳室

P047_09

ポスター

P047_10　　　　　P047_11

もえるゴミ

もえないゴミ

カン

ペットボトル

行事

P047_12　　　　　P047_13　　　　　　　　　　　　　　　　　　　P047_14

生活カード

モノクロはP150

▼一日の流れ

とうえんする

P048_01

にもつの よういを する

P048_02

あさの かい

P048_03

しゅうかい

P048_04

かえりの かい

P048_05

こうえんする

P048_06

▼生活・遊び

たいそうふくに きがえる

P048_07

せいふくに きがえる

P048_08

パジャマに きがえる

P048_09

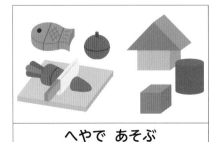

へやで あそぶ

P048_10

トイレ

P048_11

おちゃを のむ

P048_12

生活カード

一日の流れ・生活・遊び

こんな
ところで
使える

☑ カードを並べて見せると、一日の見通しがもてる

☑ おたよりの年中使える挿絵として

☑ ペープサートの紙人形に

うたを うたう

P049_01

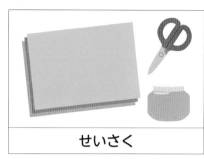

たいそう

P049_02

せいさく

P049_03

そとで あそぶ

P049_04

みずやり

P049_05

さんぽ

P049_06

ぼうしを かぶる

P049_07

すいとうを かける

P049_08

てを つなぐ

P049_09

2れつで ならぶ

P049_10

1れつで ならぶ

P049_11

えほんを よむ

P049_12

生活カード

生活・遊び

※データサイズは全てA6です。　P008-P064_color → P040-P053_poster_card → P049

モノクロはP151

▼生活・遊び（続き）

みんなで えほんを みる

P050_01

かたづける

P050_02

てを あらう

P050_03

ぶくぶく うがい

P050_04

がらがら うがい

P050_05

つくえを ふく

P050_06

きゅうしょくの よういを する

P050_07

きゅうしょくを たべる

P050_08

おべんとうを たべる

P050_09

はみがきを する

P050_10

しあげみがき

P050_11

おひるね

P050_12

生活カード

生活・遊び

こんな
ところで
使える

☑ カードを並べて見せると、一日の見通しがもてる
☑ おたよりの年中使える挿絵として
☑ ペープサートの紙人形に

▼プール

おやつを たべる	みずぎを きる	じゅんびたいそう
P051_01	P051_02	P051_03

シャワーを あびる	プール	からだを ふく
P051_04	P051_05	P051_06

 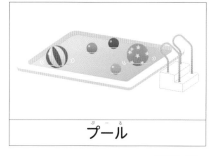 

▼健康診断・身体計測

ふくを ぬぐ	すわって ならぶ	しんちょうを はかる
P051_07	P051_08	P051_09

たいじゅうを はかる	きょういを はかる	けんこうしんだん
P051_10	P051_11	P051_12

生活カード

生活・遊び・プール・健康診断・身体計測

※データサイズは全てA6です。　P008-P064_color → P040-P053_poster_card → P051

モノクロはP152

▼健康診断・身体計測（続き）

けんこうきろくちょうを もらう

P052_01

▼防災

じしん

P052_02

かさい

P052_03

ひじょうべる

P052_04

あたまを まもる

P052_05

てを くちに あてる

P052_06

ぼうさいずきんを かぶる

P052_07

ひなんようすべりだい

P052_08

▼注意

はしりません

P052_09

しゃべりません

P052_10

さわりません

P052_11

おしません

P052_12

生活カード

健康診断・身体計測・防災・注意

P008-P064
_color → P040-P053
_poster_card → P052 ※データサイズは全てA6です。

☑ 災害時の行動を知る
☑ 気持ちを伝えるのが難しいときに
☑ ペープサートの紙人形に

こんなところで使える

▼表情

はいりません

P053_01

ゆうぐで あそびません

P053_02

わらう

P053_03

▼援助要求

おこる

P053_04

なく

P053_05

てつだって

P053_06

▼天気

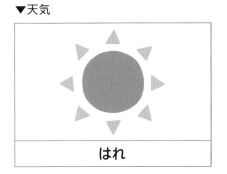

はれ

P053_07

くもり

P053_08

あめ

P053_09

かみなり

P053_10

ゆき

P053_11

たいふう

P053_12

生活カード

注意・表情・援助要求・天気

※データサイズは全てA6です。　P008-P064_color　→　P040-P053_poster_card　→　P053

健康だより

モノクロはP124・P126の★

▼健康

P054_01

P054_02

P054_03

P054_04

P054_05

P054_06

P054_07

P054_08

P054_09

P054_10

P054_11

P054_12

健康だより

P054_13

P054_14

P054_15

P054_16

P054_17

P054_18

P054_19

P054_20

 P008-P064
_color →  P054-P057
_kenkou_shokuiku → P054

こんなところで使える💡

☑ 保健関連の掲示（感染病の注意喚起・健康診断　など）に

☑ 成長の記録表のカットとして

▼飾り枠

P055_01

P055_02

P055_03

P055_04

P055_05

P055_06

▼飾り線

P055_07

P055_08

P055_09

P055_10

P055_11

P055_11

P055_12

健康だより

食育だより

モノクロはP127・P129の★

▼食育

P056_01

P056_02

P056_03

P056_04

P056_05

P056_06

P056_07

P056_08

P056_09

P056_10

P056_11

P056_12

P056_13

P056_14

P056_15

P056_16

P056_17

P056_18

P056_19

P056_20

食育だより

こんなところで使える

- ☑ クッキングなどのお知らせに
- ☑ 食育関連の掲示に

▼飾り枠

P057_01

P057_02

P057_03

P057_04

P057_05

P057_06

食育だより

▼飾り線

P057_07

P057_08

P057_09

P057_10

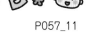

P057_11

P057_12

P008-P064 _color → P054-P057 _kenkou_shokuiku → P057

ワンランクUp♪ おしゃれイラスト

モノクロはP130・P132の★

▼いつでも使えるイラスト

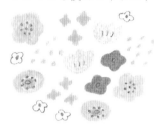

P058_01

P058_02

P058_03

P058_04

P058_05

P058_06

P058_07

P058_08

P058_09

P058_10

P058_11

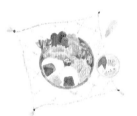

P058_12

P058_13

P058_14

P058_15

P058_16

P058_17

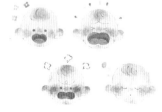

P058_18

P058_19

P058_20

おしゃれイラスト

P008-P064_color → P058-P064_oshare → P058

こんな
ところで
使える💡

☑ おたよりのアクセントに

☑ 壁面飾りのポイントに

☑ プログラム・しおりに

▼春

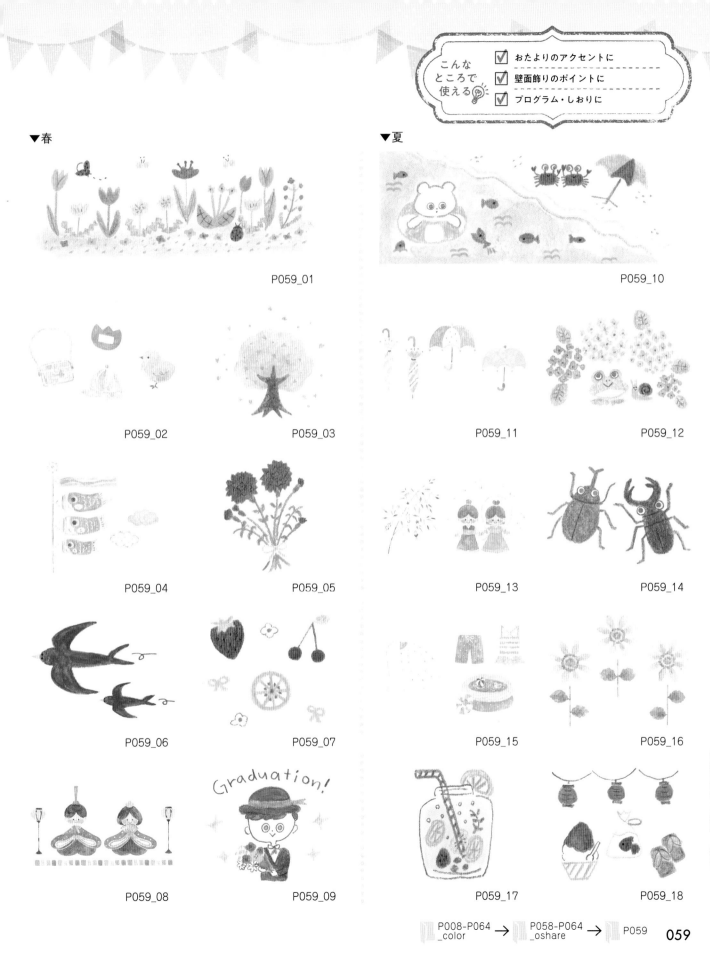

P059_01

P059_02

P059_03

P059_04

P059_05

P059_06

P059_07

Graduation!

P059_08

P059_09

▼夏

P059_10

P059_11

P059_12

P059_13

P059_14

P059_15

P059_16

P059_17

P059_18

おしゃれイラスト

▼秋

P060_01

P060_02

P060_03

▼冬

P060_10

P060_11_C　P060_11_D

P060_12

P060_04

P060_05

P060_13

P060_14

P060_06

P060_07

P060_15

P060_16

P060_08

P060_09

P060_17

P060_18

おしゃれイラスト

P008-P064 → P058-P064 → P060
_color　　　_oshare

※ファイル名に「C」「D」が付いているものは、二つに分かれています。
※データサイズ…P060_11_C：幅53mm×高さ34mm／P060_11_D：幅40mm×高さ27mm

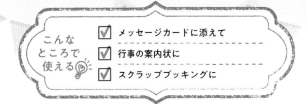

こんな
ところで
使える💡
☑ メッセージカードに添えて
☑ 行事の案内状に
☑ スクラップブッキングに

▼ワンポイントイラスト

P061_01	P061_02	P061_03	P061_04_C P061_04_D	P061_05	P061_06_C P061_06_D	P061_07
P061_08	P061_09	P061_10	P061_11	P061_12	◆ P061_13	◆ P061_14
◆ P061_15	◆ P061_16	◆ P061_17	◆ P061_18	P061_19	P061_20	P061_21
P061_22	P061_23	P061_24	P061_25	P061_26	P061_27	P061_28
P061_29	P061_30	P061_31	P061_32	P061_33	P061_34	P061_35
P061_36	P061_37	P061_38	P061_39	P061_40	P061_41	P061_42

おしゃれイラスト

※◆マークの付いたイラストのデータサイズは、高さ約60mmです。
※ファイル名に「C」「D」が付いているものは、二つに分かれています。

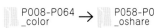 P008-P064_color → P058-P064_oshare → P061

▼ワンポイントイラスト（続き）

こんな
ところで
使える

☑ メッセージカードに添えて
☑ 行事の案内状に
☑ スクラップブッキングに

P062_01

P062_02

P062_03

P062_04

P062_05

P062_06

P062_07

P062_08

P062_09

P062_10

P062_11

P062_12

P062_13

P062_14

P062_15

P062_16_C
P062_16_D

P062_17

P062_18

P062_19

P062_20

P062_21

P062_22

P062_23

P062_24

P062_25

P062_26

P062_27

P062_28

P062_29

P062_30

P062_31

P062_32

P062_33

P062_34

P062_35

P062_36

P062_37

P062_38

P062_39

P062_40

P062_41

P062_42

おしゃれイラスト

こんな
ところで
使える 💡

☑ プログラム・しおり・メッセージ
　カードに
☑ 壁面飾りの文字に

▼ひらがな

あいうえおかきくけこさしすせ
そたちつてとなにぬねのはひふ
へほまみむめもやゆよらりるれ
ろわをんがぎぐげござじずぜぞ
だぢづでどばびぶべぼぱぴぷぺ
ぽぁぃぅぇぉゃゅょっ〜、。

P063_001〜083

▼カタカナ

アイウエオカキクケコサシスセ
ソタチツテトナニヌネノハヒフ
ヘホマミムメモヤユヨラリルレ
ロワヲンガギグゲゴザジズゼゾ
ダヂヅデドバビブベボパピプペ
ポァィゥェォャュョッー、。

P063_084〜166

おしゃれイラスト

※一文字のデータサイズは全て30mm×30mmです。 P008-P064_color → P058-P064_oshare → P063 063

▼アルファベット

A B C D E F G H I J K L M
N O P Q R S T U V W X Y Z

P064_01〜26

▼数字

0 1 2 3 4 5 6 7 8 9

P064_27〜36

▼飾り枠

P064_37

P064_38

◆ P064_39

P064_40

P064_41

◆ P064_42

▼飾り線

P064_43

P064_44

P064_45

P064_46

P064_47

P064_48

P064_49

P064_50

こんな
ところで
使える

☑ メッセージカードに
☑ 卒園アルバムに
☑ ラベルなどのワンポイントに

季節・行事の飾り枠

こんな
ところで
使える

☑ 日時・持ち物などのお知らせに

☑ お手紙ごっこに

☑ おたよりで今月の誕生児の名前を書く枠に

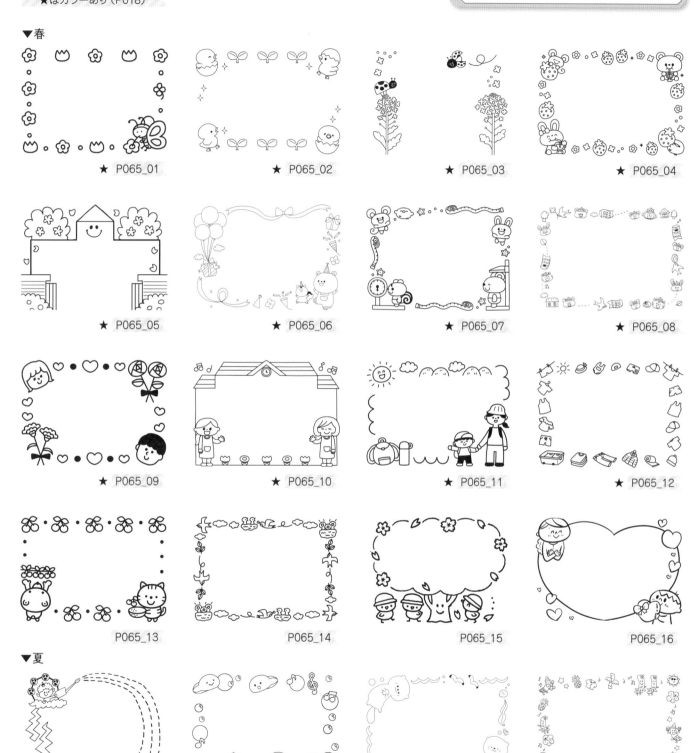

★はカラーあり（P018）

▼春

★ P065_01

★ P065_02

★ P065_03

★ P065_04

★ P065_05

★ P065_06

★ P065_07

★ P065_08

★ P065_09

P065_10

★ P065_11

★ P065_12

P065_13

P065_14

P065_15

P065_16

▼夏

★ P065_17

★ P065_18

★ P065_19

★ P065_20

季節・行事の飾り枠

※データサイズは全てB6です。　P065-P152_monokuro → P065-P113_kisetsu → P065

★はカラーあり（P018-P019）

▼夏（続き）

★ P066_01

★ P066_02

★ P066_03

★ P066_04

P066_05

P066_06

P066_07

P066_08

▼秋

★ P066_09

★ P066_10

★ P066_11

★ P066_12

★ P066_13

★ P066_14

★ P066_15

★ P066_16

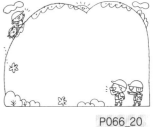

P066_17

P066_18

P066_19

P066_20

 P065-P152
_monokuro → P065-P113
_kisetsu → P066 ※データサイズは全てB6です。

こんな
ところで
使える

- ☑ 日時・持ち物などのお知らせに
- ☑ お手紙ごっこに
- ☑ おたよりで今月の誕生児の名前を書く枠に

▼冬・早春

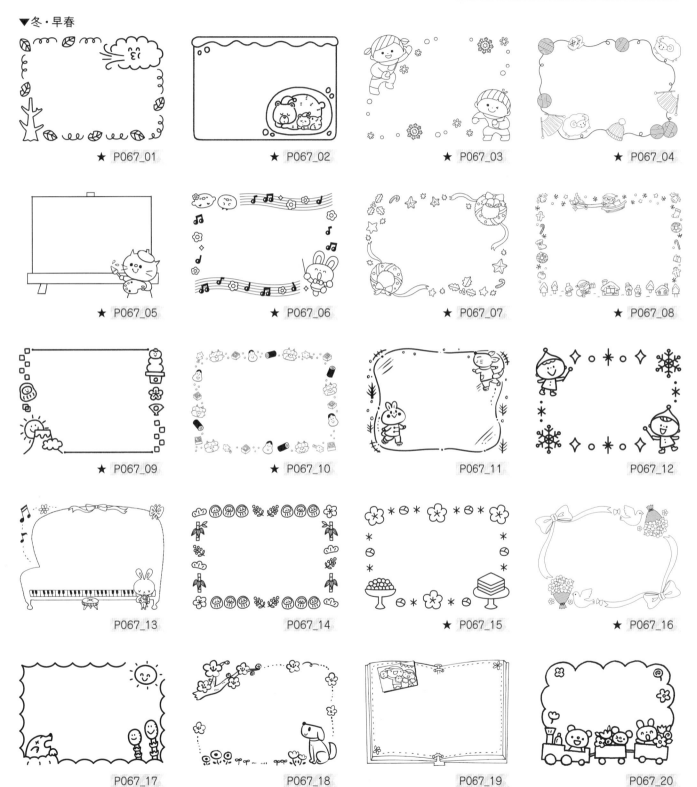

★ P067_01

★ P067_02

★ P067_03

★ P067_04

★ P067_05

★ P067_06

★ P067_07

★ P067_08

★ P067_09

★ P067_10

P067_11

P067_12

P067_13

P067_14

★ P067_15

★ P067_16

P067_17

P067_18

P067_19

P067_20

季節・行事の飾り枠

※データサイズは全てB6です。　P065-P152_monokuro → P065-P113_kisetsu → P067

季節の飾り線 春

こんなところで使える

☑ イラストを分けてワンポイントカットに
☑ 上下に入れてメッセージカードに

★はカラーあり（P020）

★ P068_01

★ P068_02

★ P068_03

★ P068_04

P068_05

P068_06

P068_07

P068_08

P068_09

P068_10

P068_11

P068_12

★ P068_13

P068_14

P068_15

P068_16

P068_17

P068_18

こんなところで使える💡

☑ イラストを分けてワンポイントカットに

☑ 上下に入れてメッセージカードに

★はカラーあり（P020）

★ P069_01

★ P069_02

★ P069_03

★ P069_04

P069_05

P069_06

P069_07

P069_08

P069_09

P069_10

P069_11

P069_12

★ P069_13

P069_14

P069_15

P069_16

P069_17

P069_18

P065-P152 → P065-P113 → P069
_monokuro _kisetsu

こんなところで使える

- [✓] イラストを分けてワンポイントカットに
- [✓] 上下に入れてメッセージカードに

★はカラーあり（P020）

季節の飾り線

秋

★ P070_01

★ P070_02

★ P070_03

★ P070_04

P070_05

P070_06

P070_07

P070_08

P070_09

P070_10

P070_11

P070_12

★ P070_13

P070_14

P070_15

P070_16

P070_17

P070_18

こんな
ところで
使える

☑ イラストを分けてワンポイントカットに
☑ 上下に入れてメッセージカードに

★はカラーあり（P020）

★ P071_01

★ P071_02

★ P071_03

★ P071_04

P071_05

P071_06

P071_07

P071_08

P071_09

P071_10

P071_11

P071_12

★ P071_13

P071_14

P071_15

P071_16

P071_17

P071_18

季節の飾り線

冬

★はカラーあり（P008-P011）

▼壁面デザイン案

★ P072_01

★ P072_02

★ P072_03

P065-P152 _monokuro → P065-P113 _kisetsu → P072

こんな
ところで
使える💡

☑ 春の壁面飾りのヒント・型紙に

☑ 入園式・卒園式の案内状に

☑ 入園のしおりに

季節のイラスト

春

▼誕生日

おたんじょうび
おめでとう

★ P073_01_A
★ P073_01_B

▼園だよりなどの飾り枠

★ P073_02

★ P073_03

★ P073_04

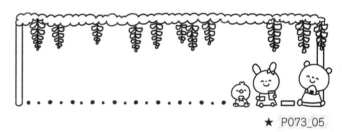

★ P073_05

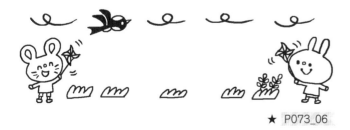

★ P073_06

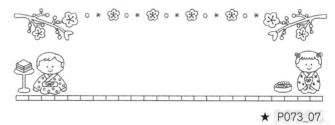

★ P073_07

※ファイル名に「A」を含むものは「文字入り」のイラスト、「B」を含むものは「文字無し」のイラストです。

📁 P065-P152
_monokuro → 📁 P065-P113
_kisetsu → 📁 P073

季節のイラスト

春

★はカラーあり（P009-P010）

▼入園

★ P074_01

★ P074_02

★ P074_03

★ P074_04

★ P074_05

★ P074_06

★ P074_07

★ P074_08

▼卒園

★ P074_09

★ P074_10

★ P074_11

P074_12

★ P074_13

★ P074_14

★ P074_15

★ P074_16

P065-P152_monokuro → P065-P113_kisetsu → P074

☑ 入園式・卒園式の案内状に

☑ 入園のしおりに

★ P075_01

★ P075_02

★ P075_03

★ P075_04

▼春の行事

★ P075_05

★ P075_06

★ P075_07

★ P075_08

★ P075_09

★ P075_10

★ P075_11

★ P075_12

★ P075_13

★ P075_14

P075_15

P075_16

★はカラーあり（P011）

▼春の行事（続き）

P076_01

P076_02

P076_03

P076_04

★ P076_05

★ P076_06

P076_07

P076_08

P076_09

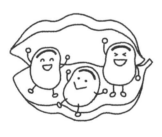

P076_10

★ P076_11

★ P076_12

P076_13

P076_14

P076_15

P076_16

季節のイラスト

春

★ P077_01

★ P077_02

P077_03

P077_04

P077_05

P077_06

★ P077_07

★ P077_08

P077_09

P077_10

P077_11

P077_12

P077_13

P077_14

P077_15

P077_16

季節のイラスト

春

▼子どもの姿（2～5歳児）

P078_01

P078_02

P078_03

P078_04

P078_05

P078_06

P078_07

P078_08

P078_09

P078_10

P078_11

P078_12

P078_13

P078_14

P078_15

P078_16

こんな
ところで
使える

✓ 入園・進級・こどもの日・母の日・
ファミリーデー・保育参観・誕生会・
春の遠足・交通安全運動などのお知らせに

季節のイラスト

春

P079_01

P079_02

P079_03

P079_04

P079_05

P079_06

P079_07

P079_08

P079_09

P079_10

P079_11

P079_12

P079_13

P079_14

P079_15

P079_16

▼子どもの姿（2〜5歳児）（続き）

P080_01

P080_02

P080_03

P080_04

P080_05

P080_06

P080_07

P080_08

P080_09

P080_10

P080_11

P080_12

P080_13

P080_14

P080_15

P080_16

▼子どもの姿（0〜1歳児）

P081_01

P081_02

P081_03

P081_04

P081_05

P081_06

P081_07

P081_08

P081_09

P081_10

P081_11

P081_12

P081_13

P081_14

P081_15

P081_16

季節のイラスト

春

P065-P152_monokuro → P065-P113_kisetsu → P081

★はカラーあり（P012-P013）

▼壁面デザイン案

★ P082_01

★ P082_02

▼園だよりなどの飾り枠

★ P082_03

★ P082_04

★ P082_05

★ P082_06

こんなところで使える

- ☑ 夏の壁面飾りのヒント・型紙に
- ☑ 色を塗って、手作りの暑中・残暑見舞いに
- ☑ 七夕・プール遊び・夏祭り・お泊り保育などのお知らせに

季節のイラスト

夏

▼誕生日

★ P083_01_A ★ P083_01_B

▼夏の行事

★ P083_02

★ P083_03

★ P083_04

★ P083_05

★ P083_06

★ P083_07

★ P083_08

★ P083_09

★ P083_10

★ P083_11

★ P083_12

★ P083_13

★ P083_14

★ P083_15

※ファイル名に「A」を含むものは「文字入り」のイラスト、「B」を含むものは「文字無し」のイラストです。

 P065-P152
_monokuro → P065-P113
_kisetsu → P083

▼夏の行事（続き）

P084_01

P084_02

P084_03

P084_04

P084_05

P084_06

P084_07

P084_08

P084_09

P084_10

P084_11

P084_12

P084_13

P084_14

P084_15

P084_16

✓ 衣替え・歯と口の健康週間・時の記念日・
父の日・プール遊び・七夕などのお知らせに

P085_01

P085_02

P085_03

P085_04

P085_05

P085_06

P085_07

P085_08

P085_09

P085_10

P085_11

P085_12

P085_13

P085_14

P085_15

P085_16

季節のイラスト

夏

▼夏の行事（続き）

P086_01

P086_02

P086_03

P086_04

P086_05

P086_06

P086_07

P086_08

P086_09

P086_10

P086_11

P086_12

P086_13

P086_14

P086_15

P086_16

P065-P152_monokuro → P065-P113_kisetsu → P086

☑ お泊り保育・夏祭り・夏休みなどの
お知らせに

季節のイラスト

夏

P087_01

P087_02

P087_03

P087_04

P087_05

P087_06

P087_07

P087_08

P087_09

P087_10

P087_11

P087_12

P087_13

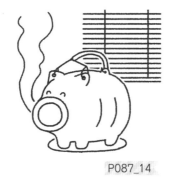

P087_14

P087_15

P087_16

P065-P152
_monokuro → P065-P113
_kisetsu → P087

▼子どもの姿（2〜5歳児）

P088_01

P088_02

P088_03

P088_04

P088_05

P088_06

P088_07

P088_08

P088_09

P088_10

P088_11

P088_12

P088_13

P088_14

P088_15

P088_16

こんなところで使える♪

☑ 衣替え・歯と口の健康週間・時の記念日・
父の日・プール遊び・七夕などのお知らせに

季節のイラスト

夏

P089_01

P089_02

P089_03

P089_04

P089_05

P089_06

P089_07

P089_08

P089_09

P089_10

P089_11

P089_12

P089_13

P089_14

P089_15

P089_16

季節のイラスト 夏

▼子どもの姿（2〜5歳児）（続き）

P090_01

P090_02

P090_03

P090_04

P090_05

P090_06

P090_07

P090_08

P090_09

P090_10

P090_11

P090_12

P090_13

P090_14

P090_15

P090_16

季節のイラスト

夏

▼子どもの姿（0〜1歳児）

P091_01

P091_02

P091_03

P091_04

P091_05

P091_06

P091_07

P091_08

P091_09

P091_10

P091_11

P091_12

P091_13

P091_14

P091_15

P091_16

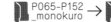 

★はカラーあり（P014-P015）

▼壁面デザイン案

★ P092_01

P092_02

▼園だよりなどの飾り枠

★ P092_03

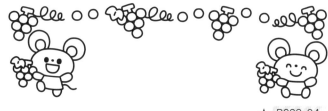

★ P092_04

★ P092_05

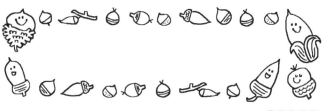

★ P092_06

こんな
ところで
使える💡

☑ 秋の壁面飾りのヒント・型紙に

☑ 十五夜・運動会・秋の遠足・ハロウィン・七五三・
敬老の日・お店屋さんごっこなどのお知らせに

季節のイラスト

秋

▼誕生日

★ P093_01_A　★ P093_01_B

▼秋の行事

★ P093_02

★ P093_03

★ P093_04

★ P093_05

★ P093_06

★ P093_07

★ P093_08

★ P093_09

★ P093_10

★ P093_11

★ P093_12

★ P093_13

★ P093_14

★ P093_15

※ファイル名に「A」を含むものは「文字入り」のイラスト、「B」を含むものは「文字無し」のイラストです。

📁 P065-P152
_monokuro → 📁 P065-P113
_kisetsu → 📁 P093

季節のイラスト

秋

▼秋の行事（続き）

P094_01

P094_02

P094_03

P094_04

P094_05

P094_06

P094_07

P094_08

P094_09

P094_10

P094_11

P094_12

P094_13

P094_14

P094_15

P094_16

P094-P095

☑ 防災の日・敬老の日・十五夜・運動会・
秋の遠足などのお知らせに

季節のイラスト

秋

P095_01

P095_02

P095_03

P095_04

P095_05

P095_06

P095_07

P095_08

P095_09

P095_10

P095_11

P095_12

P095_13

P095_14

P095_15

P095_16

季節のイラスト

秋

▼秋の行事（続き）

P096_01

P096_02

P096_03

P096_04

P096_05

P096_06

P096_07

P096_08

P096_09

P096_10

P096_11

P096_12

P096_13

P096_14

P096_15

P096_16

こんなところで使える

季節のイラスト

秋

P097_01

P097_02

P097_03

P097_04

P097_05

P097_06

P097_07

P097_08

P097_09

P097_10

P097_11

P097_12

P097_13

P097_14

P097_15

P097_16

▼子どもの姿（2～5歳児）

P098_01

P098_02

P098_03

P098_04

P098_05

P098_06

P098_07

P098_08

P098_09

P098_10

P098_11

P098_12

P098_13

P098_14

P098_15

P098_16

☑ 新学期・防災の日・保育参観・敬老の日・
十五夜・衣替え・運動会・秋の遠足など
のお知らせに

季節のイラスト

秋

P099_01

P099_02

P099_03

P099_04

P099_05

P099_06

P099_07

P099_08

P099_09

P099_10

P099_11

P099_12

P099_13

P099_14

P099_15

P099_16

季節のイラスト

秋

▼子どもの姿（2〜5歳児）（続き）

P100_01

P100_02

P100_03

P100_04

P100_05

P100_06

P100_07

P100_08

P100_09

P100_10

P100_11

P100_12

P100_13

P100_14

P100_15

P100_16

P065-P152_monokuro → P065-P113_kisetsu → P100

P100

☑ 作品展・お店屋さんごっこ・
ハロウィン・勤労感謝の日・
読書週間などのお知らせに

P101

☑ 十五夜・運動会・秋の遠足・防災の日・
ハロウィンなどのお知らせに

季節のイラスト

秋

▼子どもの姿（0～1歳児）

P101_01

P101_02

P101_03

P101_04

P101_05

P101_06

P101_07

P101_08

P101_09

P101_10

P101_11

P101_12

P101_13

P101_14

P101_15

P101_16

★はカラーあり（P016-P017）

▼壁面デザイン案

★ P102_01

★ P102_02

▼園だよりなどの飾り枠

★ P102_03

★ P102_04

★ P102_05

★ P102_06

☑ 冬の壁面飾りのヒント・型紙に

☑ 色を塗って、手作りのクリスマスカード・年賀状に

☑ 発表会・クリスマス・正月・節分などのお知らせに

季節のイラスト

冬

▼誕生日

★ P103_01_A　★ P103_01_B

▼冬の行事

★ P103_02

★ P103_03

★ P103_04

★ P103_05

★ P103_06

★ P103_07

★ P103_08

★ P103_09

★ P103_10

★ P103_11

★ P103_12

★ P103_13

★ P103_14

★ P103_15

※ファイル名に「A」を含むものは「文字入り」のイラスト、「B」を含むものは「文字無し」のイラストです。　P065-P152_monokuro → P065-P113_kisetsu → P103

季節のイラスト

冬

▼冬の行事（続き）

P104_01

P104_02

P104_03

P104_04

P104_05

P104_06

P104_07

P104_08

P104_09

P104_10

P104_11

P104_12

P104_13

P104_14

P104_15

P104_16

P105_01

P105_02

P105_03

P105_04

P105_05

P105_06

P105_07

P105_08

P105_09

P105_10

P105_11

P105_12

P105_13

P105_14

P105_15

P105_16

季節のイラスト　冬

▼冬の行事（続き）

P106_01

P106_02

P106_03

P106_04

P106_05

P106_06

P106_07

P106_08

P106_09

P106_10

P106_11

P106_12

P106_13

P106_14

P106_15

P106_16

こんな
ところで
使える

☑ 正月・雪遊び・節分・バレンタイン
デーなどのお知らせに

季節のイラスト

冬

P107_01

P107_02

P107_03

P107_04

P107_05

P107_06

P107_07

P107_08

P107_09

P107_10

P107_11

P107_12

P107_13

P107_14

P107_15

P107_16

P065-P152
_monokuro → P065-P113
_kisetsu → P107

季節のイラスト

冬

▼子どもの姿（2〜5歳児）

P108_01

P108_02

P108_03

P108_04

P108_05

P108_06

P108_07

P108_08

P108_09

P108_10

P108_11

P108_12

P108_13

P108_14

P108_15

P108_16

こんなところで使える

季節のイラスト

冬

P109_01

P109_02

P109_03

P109_04

P109_05

P109_06

P109_07

P109_08

P109_09

P109_10

P109_11

P109_12

P109_13

P109_14

P109_15

P109_16

季節のイラスト　冬

▼子どもの姿（2～5歳児）（続き）

P110_01

P110_02

P110_03

P110_04

P110_05

P110_06

P110_07

P110_08

P110_09

P110_10

P110_11

P110_12

P110_13

P110_14

P110_15

P110_16

P065-P152_monokuro → P065-P113_kisetsu → P110

☑ 正月・雪遊び・節分などのお知らせに

☑ 発表会・クリスマス・年末・正月・雪遊びなどのお知らせに

▼子どもの姿（０～１歳児）

季節のイラスト

冬

P111_01

P111_02

P111_03

P111_04

P111_05

P111_06

P111_07

P111_08

P111_09

P111_10

P111_11

P111_12

P111_13

P111_14

P111_15

P111_16

★はカラーあり（P022-P023）

▼ひらがな

あいうえおかきくけこさしすせ
そたちつてとなにぬねのはぴふ
へほまみむめもやゆよらりるれ
ろわをんがぎぐげござじずぜぞ
だぢづでどばびぶべぼぱぴぷぺ
ぽぁぃぅぇぉゃゅょっー、。

★ P112_001〜083

▼カタカナ

アイウエオカキクケコサシスセ
ソタチツテトナニヌネノハヒヲ
ヘホマミムメモヤユヨラリルレ
ロワヲンガギグゲゴザジズゼゾ
ダヂヅデドバビブベボパピプペ
ポァィゥェォャュョッー、。

★ P112_084〜166

P065-P152 _monokuro → P065-P113 _kisetsu → P112　※一文字のデータサイズは全て30mm×30mmです。

こんな
ところで
使える💡

☑ おたよりの見出しに
☑ 案内状・しおりのタイトルに
☑ 子どもが色を塗って、手作りの会場飾りに

文字・数字

▼アルファベット

A B C D E F G H I J K L M
N O P Q R S T U V W X Y Z

★ P113_01〜26

▼数字

0 1 2 3 4 5 6 7 8 9

★ P113_27〜36

▼月の数字

★ P113_37

★ P113_38

★ P113_39

★ P113_40

★ P113_41

★ P113_42

★ P113_43

★ P113_44

★ P113_45

★ P113_46

★ P113_47

★ P113_48

※データサイズ…アルファベット・数字：30mm×30mm／月の数字：80mm×80mm

P065-P152_monokuro → P065-P113_kisetsu → P113

生活習慣 食事

▼子どもの姿（2〜5歳児）

P114_01

P114_02

P114_03

P114_04

P114_05

P114_06

P114_07

P114_08

P114_09

P114_10

P114_11

P114_12

P114_13

P114_14

P114_15

P114_16

P114_17

P114_18

P114_19

P114_20

生活習慣

食事

こんな
ところで
使える💡

- ☑ 懇談会の資料に
- ☑ 研修などのパワーポイントに
- ☑ 生活カード・ペープサートにして分かりやすく伝える

P115_01

P115_02

P115_03

P115_04

P115_05

P115_06

P115_07

P115_08

▼子どもの姿（0～1歳児）

P115_09

P115_10

P115_11

P115_12

P115_13

P115_14

P115_15

P115_16

P115_17

P115_18

P115_19

P115_20

生活習慣

食事

▼子どもの姿（2〜5歳児）

P116_01

P116_02

P116_03

P116_04

P116_05

P116_06

P116_07

P116_08

P116_09

P116_10

P116_11

P116_12

P116_13

P116_14

P116_15

P116_16

P116_17

P116_18

P116_19

P116_20

P065-P152_monokuro → P114-P123_seikatsu → P116

生活習慣

排せつ

☑ 懇談会の資料に

☑ 研修などのパワーポイントに

☑ 生活カード・ペープサートにして分かりやすく伝える

P117_01

P117_02

P117_03

P117_04

P117_05

P117_06

P117_07

P117_08

▼子どもの姿（0〜1歳児）

P117_09

P117_10

P117_11

P117_12

P117_13

P117_14

P117_15

P117_16

P117_17

P117_18

P117_19

P117_20

生活習慣

排せつ

▼子どもの姿（2〜5歳児）

P118_01

P118_02

P118_03

P118_04

P118_05

P118_06

P118_07

P118_08

P118_09

P118_10

P118_11

P118_12

P118_13

P118_14

P118_15

P118_16

P118_17

P118_18

P118_19

P118_20

こんな
ところで
使える

☑ 懇談会の資料に

☑ 研修などのパワーポイントに

☑ 生活カード・ペープサートにして分かりやすく伝える

P119_01

P119_02

P119_03

P119_04

P119_05

▼子どもの姿（0～1歳児）

P119_06

P119_07

P119_08

生活習慣

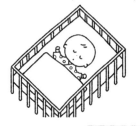

P119_09

P119_10

P119_11

P119_12

睡眠

P119_13

P119_14

P119_15

P119_16

P119_17

P119_18

P119_19

P119_20

▼子どもの姿（2〜5歳児）

P120_01

P120_02

P120_03

P120_04

P120_05

P120_06

P120_07

P120_08

P120_09

P120_10

P120_11

P120_12

P120_13

P120_14

P120_15

P120_16

P120_17

P120_18

P120_19

P120_20

こんなところで使える

- ☑ 懇談会の資料に
- ☑ 研修などのパワーポイントに
- ☑ 生活カード・ペープサートにして分かりやすく伝える

P121_01

P121_02

P121_03

P121_04

P121_05

P121_06

P121_07

P121_08

▼子どもの姿（0～1歳児）

P121_09

P121_10

P121_11

P121_12

P121_13

P121_14

P121_15

P121_16

P121_17

P121_18

P121_19

P121_20

生活習慣

着脱

▼子どもの姿（2〜5歳児）

P122_01

P122_02

P122_03

P122_04

P122_05

P122_06

P122_07

P122_08

P122_09

P122_10

P122_11

P122_12

P122_13

P122_14

P122_15

P122_16

P122_17

P122_18

P122_19

P122_20

P122-P123

こんな
ところで
使える💡

☑ 懇談会の資料に

☑ 研修などのパワーポイントに

☑ 生活カード・ペープサートにして分かりやすく伝える

P123_01

P123_02

P123_03

P123_04

P123_05

P123_06

P123_07

P123_08

▼子どもの姿（0〜1歳児）

P123_09

P123_10

P123_11

P123_12

P123_13

P123_14

P123_15

P123_16

P123_17

P123_18

P123_19

P123_20

生活習慣

清潔

健康だより

★はカラーあり（P054）

▼健康

★ P124_01

★ P124_02

★ P124_03

★ P124_04

★ P124_05

★ P124_06

★ P124_07

★ P124_08

★ P124_09

★ P124_10

★ P124_11

★ P124_12

★ P124_13

★ P124_14

★ P124_15

★ P124_16

★ P124_17

★ P124_18

★ P124_19

★ P124_20

健康だより

☑ おたよりの保健カットに

☑ 健康関連のお知らせに

P125_01

P125_02

P125_03

P125_04

P125_05

P125_06

P125_07

P125_08

P125_09

P125_10

P125_11

P125_12

P125_13

P125_14

P125_15

P125_16

P125_17

P125_18

P125_19

P125_20

健康だより

 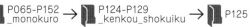

こんなところで使える💡

☑ おたよりの保健カットに
☑ 健康関連のお知らせに

★はカラーあり（P055）

▼飾り枠

★ P126_01

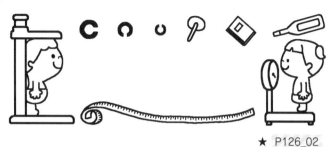

★ P126_02

★ P126_03

★ P126_04

★ P126_05

★ P126_06

健康だより

▼飾り線

★ P126_07

★ P126_08

★ P126_09

★ P126_10

★ P126_11

★ P126_12

食育だより

こんなところで使える

☑ おたよりの食育カットに
☑ 食育関連のお知らせに

★はカラーあり（P056）

▼食育

★ P127_01

★ P127_02

★ P127_03

★ P127_04

★ P127_05

★ P127_06

★ P127_07

★ P127_08

★ P127_09

★ P127_10

★ P127_11

★ P127_12

★ P127_13

★ P127_14

★ P127_15

★ P127_16

★ P127_17

★ P127_18

★ P127_19

★ P127_20

食育だより

 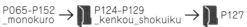

★はカラーあり（P057）

▼食育（続き）

P128_01

P128_02

P128_03

P128_04

P128_05

P128_06

P128_07

P128_08

P128_09

P128_10

P128_11

P128_12

P128_13

P128_14

P128_15

P128_16

P128_17

P128_18

P128_19

P128_20

 P065-P152 _monokuro →  P124-P129 _kenkou_shokuiku → P128

こんな
ところで
使える

▼飾り枠

★ P129_01

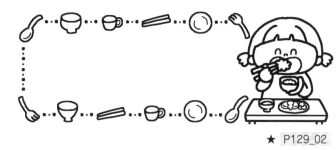

★ P129_02

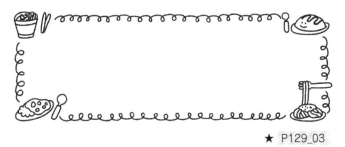

★ P129_03

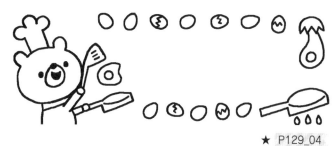

★ P129_04

★ P129_05

★ P129_06

▼飾り線

★ P129_07

★ P129_08

★ P129_09

★ P129_10

★ P129_11

★ P129_12

食育だより

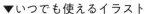

ワンランクUp♪♫
おしゃれイラスト

★はカラーあり（P058）

▼いつでも使えるイラスト

★ P130_01

★ P130_02

★ P130_03

★ P130_04

★ P130_05

★ P130_06

★ P130_07

★ P130_08

★ P130_09

★ P130_10

★ P130_11

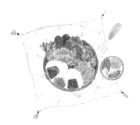

★ P130_12

★ P130_13

★ P130_14

★ P130_15

★ P130_16

★ P130_17

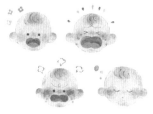

★ P130_18

★ P130_19

★ P130_20

おしゃれイラスト

P131_01

P131_02

P131_03

P131_04

P131_05

P131_06

P131_07

P131_08

P131_09

P131_10

P131_11

P131_12

P131_13

P131_14

P131_15

P131_16

P131_17

P131_18

P131_19

P131_20

おしゃれイラスト

★はカラーあり（P059-P060）

▼春

★ P132_01

★ P132_02

★ P132_03

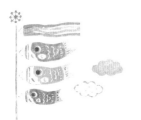

★ P132_04

★ P132_05

★ P132_06

★ P132_07

★ P132_08

★ P132_09

▼夏

★ P132_10

★ P132_11

★ P132_12

★ P132_13

★ P132_14

★ P132_15

★ P132_16

★ P132_17

★ P132_18

おしゃれイラスト

▼秋

★ P133_01

★ P133_02

★ P133_03

★ P133_04

★ P133_05

★ P133_06

★ P133_07

★ P133_08

★ P133_09

▼冬

★ P133_10

★ P133_11_C ★ P133_11_D

★ P133_12

★ P133_13

★ P133_14

★ P133_15

★ P133_16

★ P133_17

★ P133_18

おしゃれイラスト

※ファイル名に「C」「D」が付いているものは、二つに分かれています。
※データサイズ…P133_11_C：幅53mm×高さ34mm／P133_11_D：幅40mm×高さ27mm

📁 P065-P152 → 📁 P130-P138 → 📁 P133
_monokuro   _oshare

★はカラーあり（P061-P062）

▼ワンポイントイラスト

| ★ P134_01 | ★ P134_02 | ★ P134_03 | ★ P134_04_C
★ P134_04_D | ★ P134_05 | ★ P134_06_C
★ P134_06_D | ★ P134_07 |

| ★ P134_08 | ★ P134_09 | ★ P134_10 | ★ P134_11 | ★ P134_12 | ★◆ P134_13 | ★◆ P134_14 |

| ★◆ P134_15 | ★◆ P134_16 | ★◆ P134_17 | ★◆ P134_18 | ★ P134_19 | ★ P134_20 | ★ P134_21 |

| ★ P134_22 | ★ P134_23 | ★ P134_24 | ★ P134_25 | ★ P134_26 | ★ P134_27 | ★ P134_28 |

| ★ P134_29 | ★ P134_30 | ★ P134_31 | ★ P134_32 | ★ P134_33 | ★ P134_34 | ★ P134_35 |

| ★ P134_36 | ★ P134_37 | ★ P134_38 | ★ P134_39 | ★ P134_40 | ★ P134_41 | ★ P134_42 |

おしゃれイラスト

P065-P152 _monokuro → P130-P138 _oshare → P134

※◆マークの付いたイラストのデータサイズは、高さ約60mmです。
※ファイル名に「C」「D」が付いているものは、二つに分かれています。

★ P135_01

★ P135_02

★ P135_03

★ P135_04

★ P135_05

★ P135_06

★ P135_07

★ P135_08

★ P135_09

★ P135_10

★ P135_11

★ P135_12

★ P135_13

★ P135_14

★ P135_15

★ P135_16_C
★ P135_16_D

★ P135_17

★ P135_18

★ P135_19

★ P135_20

★ P135_21

★ P135_22

★ P135_23

★ P135_24

★ P135_25

★ P135_26

★ P135_27

★ P135_28

★ P135_29

★ P135_30

★ P135_31

★ P135_32

★ P135_33

★ P135_34

★ P135_35

★ P135_36

★ P135_37

★ P135_38

★ P135_39

★ P135_40

★ P135_41

★ P135_42

おしゃれイラスト

※ファイル名に「C」「D」が付いているものは、二つに分かれています。

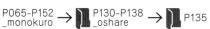

P065-P152
_monokuro → P130-P138
_oshare → P135

135

▼ひらがな

あいうえおかきくけこさしすせ
そたちってとなにぬねのはひふ
へほまみむめもやゆよらりるれ
ろわをんがぎぐげござじずぜぞ
だぢづでどばびぶべぼぱぴぷぺ
ぽ ぁ ぃ ぅ ぇ ぉ ゃ ゅ ょ っ 〜 、 。

★ P136_001〜083

▼カタカナ

アイウエオカキクケコサシスセ
ソタチツテトナニヌネノハヒフ
ヘホマミムメモヤユヨラリルレ
ロワヲンガギグゲゴザジズゼゾ
ダヂヅデドバビブベボパピプペ
ポ ァ ィ ゥ ェ ォ ャ ュ ョ ッ ー 、 。

★ P136_084〜166

こんな
ところで
使える

☑ しおり・案内状に
☑ 色を塗って、メッセージカードに
☑ おたよりの見出しに

▼アルファベット

A B C D E F G H I J K L M
N O P Q R S T U V W X Y Z

★ P137_01～26

▼数字

 0 1 2 3 4 5 6 7 8 9

★ P137_27～36

▼飾り枠

P137_37

P137_38

P137_39

P137_40

P137_41

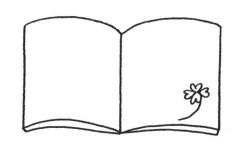

P137_42

P137_43

◆ P137_44

P137_45

おしゃれイラスト

※データサイズ…アルファベット・数字：30㎜×30㎜
※◆マークの付いたイラストのデータサイズは、高さ約60㎜です。

📁 P065-P152
_monokuro → 📁 P130-P138
_oshare → 📁 P137

137

こんな
ところで
使える💡

☑ メッセージカードに
☑ おたよりのコラムの枠に
☑ ラベルなどのワンポイントに

★はカラーあり（P064）

▼飾り枠（続き）

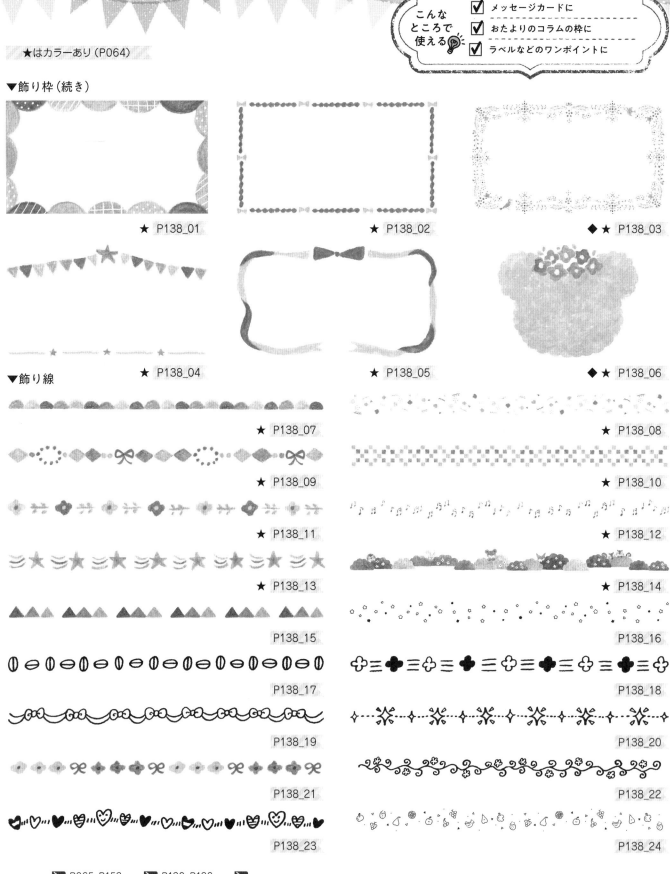

★ P138_01

★ P138_02

◆ ★ P138_03

★ P138_04

★ P138_05

◆ ★ P138_06

▼飾り線

★ P138_07

★ P138_08

★ P138_09

★ P138_10

★ P138_11

★ P138_12

★ P138_13

★ P138_14

P138_15

P138_16

P138_17

P138_18

P138_19

P138_20

P138_21

P138_22

P138_23

P138_24

おしゃれイラスト

年賀状・十二支のイラスト　　全てカラーあり（P021）

▼年賀状

P139_01

P139_02_A　　P139_02_B

P139_03_A
P139_03_B

P139_04_A
P139_04_B

▼十二支

P139_05

P139_06

P139_07

P139_08

P139_09

P139_10

P139_11

P139_12

P139_13

P139_14

P139_15

P139_16

誕生表　　全てカラーあり（P024-P025）

P139_17

P139_18

P139_19

P139_20

P139_21

P139_22

P139_23

P139_24

P139_25

P139_26

P139_27

P139_28

P139_29

P139_30

P139_31

P139_32

P139_33

P139_34

P139_35

P139_36

P139_37

P139_38

P139_39

P139_40

P139_41

P139_42

※フチ（余白）なし印刷やポスター印刷はP157をご参照ください。

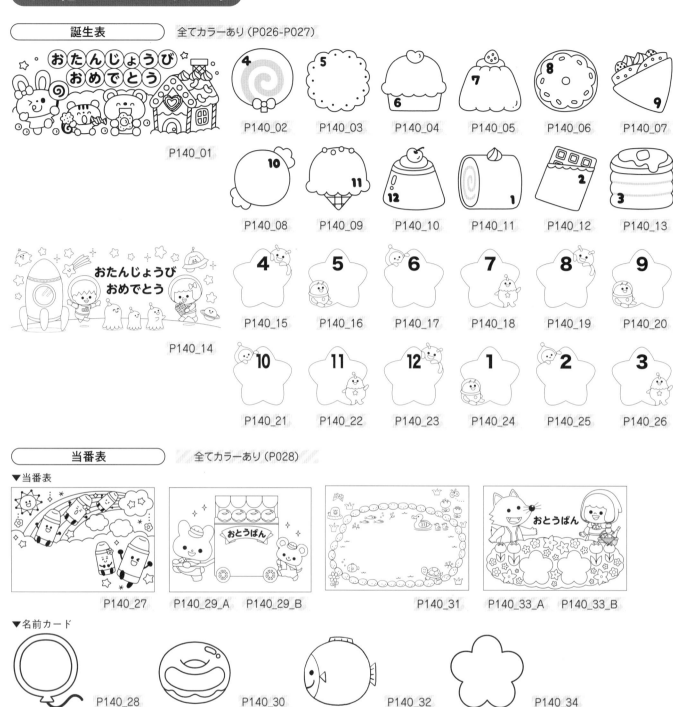

| 誕生表 | 全てカラーあり（P026-P027） |

P140_01

P140_02　P140_03　P140_04　P140_05　P140_06　P140_07

P140_08　P140_09　P140_10　P140_11　P140_12　P140_13

P140_14

P140_15　P140_16　P140_17　P140_18　P140_19　P140_20

P140_21　P140_22　P140_23　P140_24　P140_25　P140_26

| 当番表 | 全てカラーあり（P028） |

▼当番表

P140_27　P140_29_A　P140_29_B　P140_31　P140_33_A　P140_33_B

▼名前カード

P140_28　P140_30　P140_32　P140_34

▼バッジ

P140_35_A　P140_36_A　P140_37　P140_38　P140_39_A　P140_40
P140_35_B　P140_36_B　　　　　　　　　　　　　P140_39_B

P065-P152_monokuro → P139-P152_ichiran → P140

※データサイズ…おたんじょうびおめでとう：A3／各月：A4／当番表：A3／P140_28・34：100mm×100mm／P140_30・32：70mm×70mm／バッジ：直径100mm
※ファイル名に「A」を含むものは「文字入り」のイラスト、「B」を含むものは「文字無し」のイラストです。

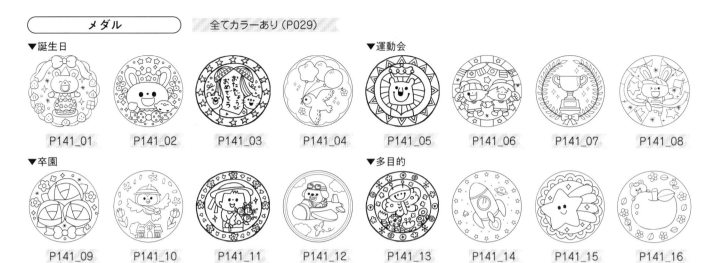

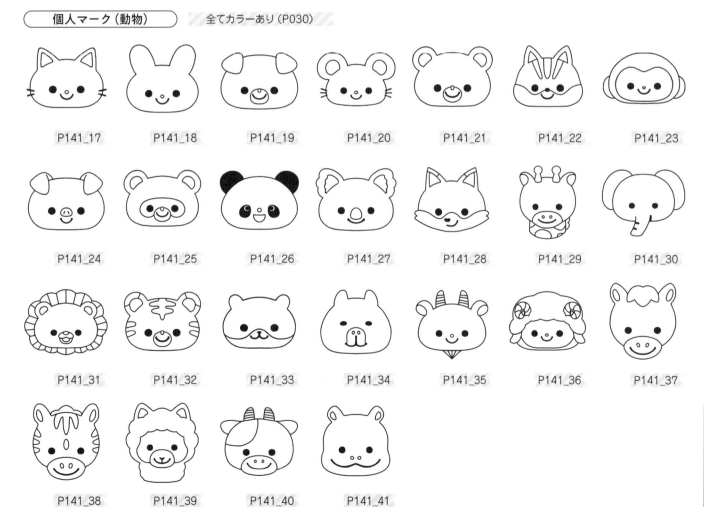

個人マーク（鳥）　全てカラーあり（P031）

| P142_01 | P142_02 | P142_03 | P142_04 | P142_05 | P142_06 | P142_07 | P142_08 |

| P142_09 | P142_10 | P142_11 | P142_12 | P142_13 |

個人マーク（水辺の生き物）　全てカラーあり（P031-P032）

| P142_14 | P142_15 | P142_16 | P142_17 | P142_18 | P142_19 | P142_20 | P142_21 |

| P142_22 | P142_23 | P142_24 | P142_25 | P142_26 | P142_27 | P142_28 | P142_29 |

| P142_30 | P142_31 | P142_32 | P142_33 | P142_34 | P142_35 |

個人マーク（昆虫）　全てカラーあり（P032）

| P142_36 | P142_37 | P142_38 | P142_39 | P142_40 | P142_41 | P142_42 | P142_43 |

| P142_44 | P142_45 | P142_46 | P142_47 | P142_48 | P142_49 | P142_50 |

P065-P152_monokuro → P139-P152_ichiran → P142　※データサイズは全て50mm×50mmです。

その他 モノクロイラスト

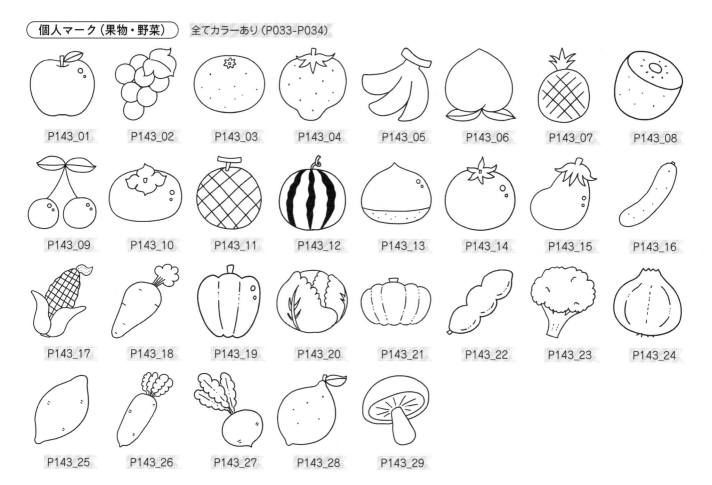

P143_01　P143_02　P143_03　P143_04　P143_05　P143_06　P143_07　P143_08

P143_09　P143_10　P143_11　P143_12　P143_13　P143_14　P143_15　P143_16

P143_17　P143_18　P143_19　P143_20　P143_21　P143_22　P143_23　P143_24

P143_25　P143_26　P143_27　P143_28　P143_29

個人マーク（草花）　　全てカラーあり（P034）

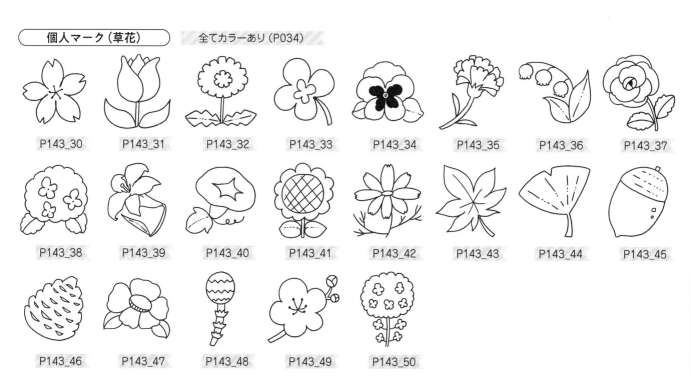

P143_30　P143_31　P143_32　P143_33　P143_34　P143_35　P143_36　P143_37

P143_38　P143_39　P143_40　P143_41　P143_42　P143_43　P143_44　P143_45

P143_46　P143_47　P143_48　P143_49　P143_50

※データサイズは全て 50mm×50mm です。　P065-P152_monokuro → P139-P152_ichiran → P143

個人マーク（乗り物）　全てカラーあり（P035）

P144_01　　P144_02　　P144_03　　P144_04　　P144_05　　P144_06　　P144_07　　P144_08

P144_09　　P144_10　　P144_11　　P144_12　　P144_13　　P144_14

個人マーク（恐竜）　全てカラーあり（P035）　　個人マーク（空）　全てカラーあり（P035）

P144_15　　P144_16　　P144_17　　　　P144_20　　P144_21　　P144_22

P144_18　　P144_19　　　　P144_23　　P144_24　　P144_25

グッズマーク（持ち物）　全てカラーあり（P036-P037）

P144_26　　P144_27　　P144_28　　P144_29　　P144_30　　P144_31　　P144_32　　P144_33

P144_34　　P144_35　　P144_36　　P144_37　　P144_38　　P144_39　　P144_40　　P144_41

P144_42　　P144_43　　P144_44　　P144_45　　P144_46　　P144_47　　P144_48　　P144_49

続き

P145_01　P145_02　P145_03　P145_04　P145_05　P145_06　P145_07　P145_08

P145_09　P145_10　P145_11　P145_12　P145_13　P145_14　P145_15　P145_16

P145_17　P145_18　P145_19　P145_20　P145_21　P145_22　P145_23

グッズマーク（備品）　全てカラーあり（P037）

P145_24　P145_25　P145_26

グッズマーク（玩具）　全てカラーあり（P038）

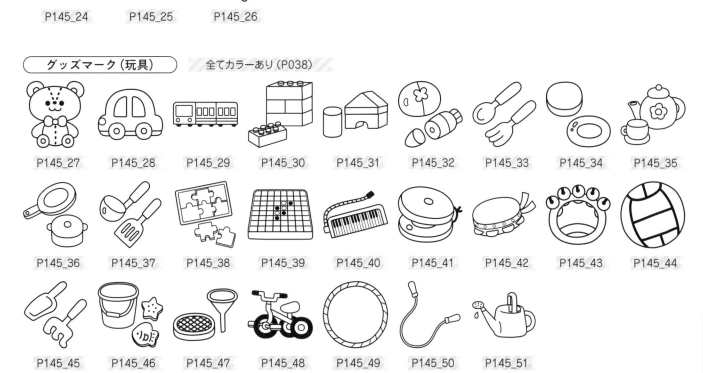

P145_27　P145_28　P145_29　P145_30　P145_31　P145_32　P145_33　P145_34　P145_35

P145_36　P145_37　P145_38　P145_39　P145_40　P145_41　P145_42　P145_43　P145_44

P145_45　P145_46　P145_47　P145_48　P145_49　P145_50　P145_51

※データサイズは全て50mm×50mmです。　P065-P152_monokuro → P139-P152_ichiran → P145

その他 モノクロイラスト

※フチ（余白）なし印刷やポスター印刷はP157をご参照ください。

グッズマーク（製作用具）　全てカラーあり（P039）

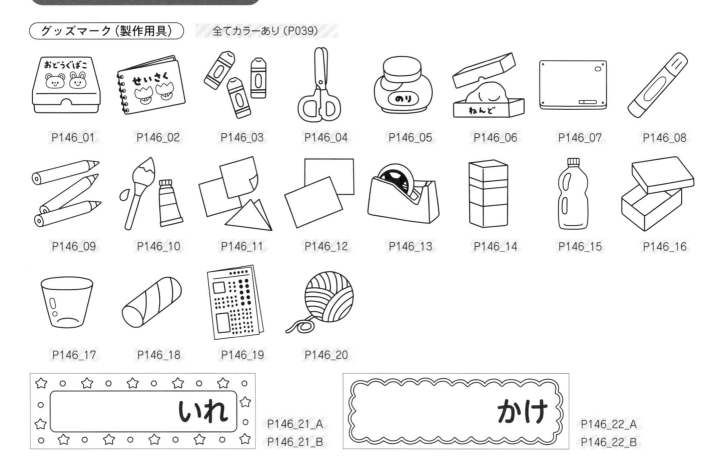

P146_01　　P146_02　　P146_03　　P146_04　　P146_05　　P146_06　　P146_07　　P146_08

P146_09　　P146_10　　P146_11　　P146_12　　P146_13　　P146_14　　P146_15　　P146_16

P146_17　　P146_18　　P146_19　　P146_20

いれ　P146_21_A
P146_21_B

かけ　P146_22_A
P146_22_B

ポスター（生活）　全てカラーあり（P040）

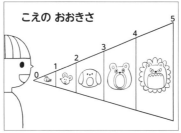

P146_23_A　　P146_23_B　　　　P146_24　　　　　　P146_25

P146_26　　　　　　P146_27　　　　　　P146_28

※データサイズ…P146_01〜20：50mm×50mm／P146_21・22：幅150mm×高さ50mm／ポスター：A3
※ファイル名に「A」を含むものは「文字入り」のイラスト、「B」を含むものは「文字無し」のイラストです。

その他 モノクロイラスト

P147_01

P147_02

P147_03

P147_04

P147_05

P147_06

P147_07

ポスター（保健）　　全てカラーあり（P042）

P147_08

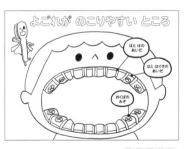

P147_09

P147_10

P147_11

P147_12

P147_13

その他 モノクロイラスト

※フチ（余白）なし印刷やポスター印刷はP157をご参照ください。

ポスター（保健）　全てカラーあり（P043）

トイレの つかいかた

P148_01

わしき トイレの つかいかた
❶ ズボンと パンツを ひざまで おろす
❷ べんきの まえの ほうに たつ
❸ そのまま しゃがむ

P148_02

せき・くしゃみが でたら…
くちを ティッシュなどで おさえよう
てを あらって ばいきん ばいばい

P148_04

P148_05

ここまで のばしてね！

P148_03

ポスター（食育）　全てカラーあり（P044-P045）

きょうの こんだて MENU

P148_06

いただきます　ごちそうさまでした
せすじ ピーン

P148_07

バランスよく たべよう
あか　き　みどり
エネルギーが わいてくるよ
からだを つくるよ
からだの ちょうしを よくするよ

P148_11

おすすめレシピ

P148_12

明日は 弁当の日です

P148_13_A　　P148_13_B

はしの もちかた
おやゆび ひとさしゆび なかゆびで はさむ
このはしは うごかさないよ！
くすりゆびの うえにおく
おやゆびの ねもとにおく
① はしを いっぽん もち うえと したに うごかしてみよう
② もういっぽんの はしを したから さしこむ
③ したの はしを もってもらい うえの はしだけ うごかしてみよう
④ ひとりで できるかな？

P148_08

まんなか
おかず
みぎ しるもの
ひだり ごはん

P148_09

ごはんの ときの しせい
せすじを のばす
できました
ひじを つかない
おなかと つくえの あいだは ぐー ひとつぶん
あしを つける

P148_10

よくかんで たべましょう
あたまが よく はたらくよ
はが つよくなるよ
おなかの ちょうしが よくなるよ

P148_14

P148_15

P065-P152 _monokuro → P139-P152 _ichiran → P148

※データサイズは全てA3です。
※ファイル名に「A」を含むものは「文字入り」のイラスト、「B」を含むものは「文字無し」のイラストです。

かじや じしんの ときの おやくそく

おはしも

おさない ✕	はしらない ✕
あわてず まえに つづいて ひなんしよう	あるいて ひなんしよう
しゃべらない ✕	もどらない ✕
せんせいの はなしを よく きこう	あぶないから もどらないでね

P149_01

じしんのときは

まどや たなの ちかくは あぶないよ

ゆれが おさまるまで おちてくる ものが ないばしょで あたまを まもろう

P149_02

プールの おやくそく

P149_03

おとまりほいく

1にちめ

2にちめ

P149_04_A　P149_04_B

受付

P149_05_A
P149_05_B

来賓席

P149_06_A
P149_06_B

駐輪場　P149_07

あそばないでください

P149_08

はいらないでください

P149_09

撮影はご遠慮ください　P149_10

トイレ　P149_11

オムツ替えコーナー　P149_12

授乳室　P149_13

もえるゴミ

P149_14

もえないゴミ

P149_15

P149_18

カン

P149_16

ペットボトル

P149_17

その他 モノクロイラスト

生活カード　　全てカラーあり（P048-P049）

▼一日の流れ

とうえんする
P150_01

にもつの よういを する
P150_02

あさの かい
P150_03

しゅうかい
P150_04

▼生活・遊び

かえりの かい
P150_05

こうえんする
P150_06

たいそうふくに きがえる
P150_07

せいふくに きがえる
P150_08

パジャマに きがえる
P150_09

へやで あそぶ
P150_10

トイレ
P150_11

おちゃを のむ
P150_12

うたを うたう
P150_13

たいそう
P150_14

せいさく
P150_15

そとで あそぶ
P150_16

みずやり
P150_17

さんぽ
P150_18

ぼうしを かぶる
P150_19

すいとうを かける
P150_20

てを つなぐ
P150_21

2れつで ならぶ
P150_22

1れつで ならぶ
P150_23

えほんを よむ
P150_24

P065-P152
_monokuro → P139-P152
_ichiran → P150　※データサイズは全てA6です。

生活カード

全てカラーあり（P050-P051）

みんなで えほんを みる

P151_01

かたづける

P151_02

てを あらう

P151_03

ぶくぶく うがい

P151_04

がらがら うがい

P151_05

つくえを ふく

P151_06

きゅうしょくの よういを する

P151_07

きゅうしょくを たべる

P151_08

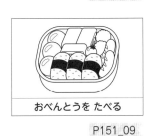

おべんとうを たべる

P151_09

はみがきを する

P151_10

しあげみがき

P151_11

おひるね

P151_12

おやつを たべる

P151_13

▼プール

みずぎを きる

P151_14

じゅんびたいそう

P151_15

シャワーを あびる

P151_16

プール

P151_17

からだを ふく

P151_18

▼健康診断・身体計測

ふくを ぬぐ

P151_19

すわって ならぶ

P151_20

しんちょうを はかる

P151_21

たいじゅうを はかる

P151_22

きょういを はかる

P151_23

けんこうしんだん

P151_24

※データサイズは全てA6です。　P065-P152_monokuro → P139-P152_ichiran → P151

その他 モノクロイラスト

151

生活カード　　全てカラーあり（P052-P053）

けんこうきろくちょうを もらう

P152_01

▼防災

じしん

P152_02

かさい

P152_03

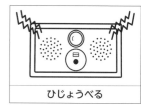

ひじょうべる

P152_04

あたまを まもる

P152_05

てを くちに あてる

P152_06

ぼうさいずきんを かぶる

P152_07

ひなんようすべりだい

P152_08

▼注意

はしりません

P152_09

しゃべりません

P152_10

さわりません

P152_11

おしません

P152_12

はいりません

P152_13

ゆうぐで あそびません

P152_14

▼表情

わらう

P152_15

おこる

P152_16

なく

P152_17

▼援助要求

てつだって

P152_18

▼天気

はれ

P152_19

くもり

P152_20

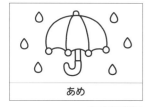

あめ

P152_21

かみなり

P152_22

ゆき

P152_23

たいふう

P152_24

⚠ DVD-ROM をお使いになる前に

ご利用になる前に必ずお読みください！

付属の DVD-ROM は、イラスト画像データ（PNG 形式）を収録しています。
付属 DVD-ROM を開封された場合、以下の事項に合意いただいたものとします。

●動作環境について

本書付属の DVD-ROM を使用するには、下記の環境が必要となります。DVD-ROM に収録されているイラストは、エクスプローラー（フォルダーウィンドウのこと）等で表示することができますが、本書では、文字を入れるなど、加工するにあたり、Microsoft Word for Office 365 を使って紹介しています。
※処理速度が遅いパソコンではデータを開きにくい場合があります。

○ハードウェア
　Microsoft Windows 10 以上、Mac OS
※ Win7 はサポートが 2020.1.14 で終了。
　Win8、Win8.1 の延長サポートは、2023.1.10 まで。

○ソフトウェア
　Microsoft Office Word
　（Word2016、Word2019、Word for Office 365）
○ DVD-ROM を再生するには DVD-ROM ドライブが必要です。

●ご注意

○本書掲載の操作方法や操作画面は、『Microsoft Windows 10 Home』上で動く、『Microsoft Word for Office 365』を使った場合のものを中心に紹介しています。
　お使いの環境によって操作方法や操作画面が異なる場合がありますので、ご了承ください。

○データは Word for Office 365 以降に最適化されています。お使いのパソコン環境やアプリケーションのバージョンによっては、レイアウトが崩れる可能性があります。

○イラストデータは、200％以上拡大するとギザツキが目立ってくることがあります。

○お使いのプリンターやプリンタードライバ等の設定により、本書掲載のイラストと色調が異なる場合があります。

○お客様が本書付属 DVD-ROM のデータを使用したことにより生じた損害、障害、その他いかなる事態にも、弊社は一切責任を負いません。

○本書に記載されている内容に関するご質問は、弊社までご連絡ください。ただし、付属 DVD-ROM に収録されている画像データについてのサポートは行なっておりません。

※ Microsoft Windows, Microsoft Office Word は、米国マイクロソフト社の登録商標です。
※ Mac OS は米国アップル社の登録商標です。

※その他記載されている、会社名、製品名は、各社の登録商標および商標です。
※本書では、TM、®、©、マークの表示を省略しています。
※本書で掲載しているペイントソフトは、Mac OS では使用できません。

●本書掲載イラスト、DVD-ROM 収録のデータ使用の許諾と禁止事項

本書掲載イラストおよび DVD-ROM 収録のデータは、ご購入された個人または一施設・団体が、営利を目的としない園だより、学校新聞、掲示物、社内報、私的範囲内の年賀状・暑中見舞いなどのカード類に自由に使用することができます。ただし、以下のことを遵守してください。

○他の出版物、企業の PR 広告、商品広告、企業・お店のマークなどへの使用や、園児募集ポスター、園バスのデザイン、その他物品に印刷し販促に使用または商品としての販売、インターネットのホームページ（個人的なものも含む）などに使用はできません。無断で使用することは、法律で禁じられています。なお、イラストを変形、または手を加えて上記内容に使用する場合も同様です。

○本書掲載イラスト等、および DVD-ROM 収録のデータを複製し、第三者に譲渡・販売・頒布（インターネットを通じた提供も含む）・賃貸することはできません。
（弊社は、本書掲載イラスト等、DVD-ROM 収録のデータすべての著作権を管理しています。）

○本書の付属 DVD-ROM は、図書館およびそれに準ずる施設において、館外へ貸し出すことはできません。

● DVD-ROM 取り扱い上の注意

○付属のディスクは「DVD-ROM」です。一般オーディオプレーヤーでは絶対に再生しないでください。パソコンの DVD-ROM ドライブでのみお使いください。

○ DVD-ROM の裏面に指紋をつけたり、傷をつけたりするとデータが読み取れなくなる場合があります。DVD-ROM を扱う際には、細心の注意を払ってお使いください。

○ DVD-ROM ドライブに DVD-ROM を入れる際には、無理な力を加えないでください。DVD-ROM ドライブのトレイに正しくセットし、トレイを軽く押してください。トレイに DVD-ROM を正しくのせなかったり、強い力で押し込んだりすると、DVD-ROM ドライブが壊れるおそれがあります。その場合も一切責任は負いませんので、ご注意ください。

かんたん! DVD-ROM 使い方マニュアル

『Word』が未経験でも、このマニュアルを見れば簡単にイラストを使ったメッセージカードなどが作れます。使いたいイラストが決まったら、付録のDVD-ROMに入っているイラストを使って、さっそく作ってみましょう。

ここでは、Windows 10上でMicrosoft Word for Office 365を使った操作手順を中心に紹介しています。
（P.153を再度ご確認ください）

※掲載されている操作画面は、お使いの環境によって異なる場合があります。ご了承ください。

[CONTENTS]

基本操作

マウス　マウスは、ボタンが上にくるようにして、右手ひと差し指が左ボタン、中指が右ボタンの上にくるように軽く持ちます。手のひら全体で包み込むようにして、机の上を滑らせるように上下左右に動かします。

クリック　カチッ
左ボタンを1回押します。ファイルやフォルダー、またはメニューを選択したり、「OK」などのボタンを押したりする場合に使用します。

ドラッグ　カチッ…ズー
左ボタンを押しながらマウスを動かし、移動先でボタンを離す一連の操作をいいます。
イラストの移動、拡大・縮小、テキストボックスを選択する場合に使用します。

ダブルクリック　カチカチッ
左ボタンをすばやく2回押す操作です。プログラムなどを起動したり、ファイルやフォルダーを開く場合に使用します。

右クリック　カチッ
右ボタンを1回押す操作です。右クリックすると、操作可能なメニューが表示されます。

元に戻る・進む

操作を間違えたら ↩(元に戻す)をクリックすると、ひとつ前の状態に戻ります。戻した操作をやり直す場合は、↪(やり直し)をクリックします。

イラストをWordで出力しよう

❶「用紙サイズ」・「用紙の向き」を選ぶ

A　Word を開く

デスクトップにアイコンがある場合はアイコンをダブルクリック

①左下の「スタート」ボタンをクリック　クリック

② 右パレットの「仕事効率化」内にあるアイコンをクリック

③「Microsoft Word for Office 365」をクリック

B　用紙サイズを設定する

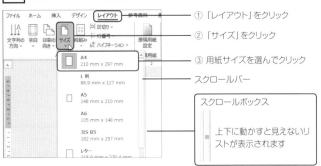

① 「レイアウト」をクリック
② 「サイズ」をクリック
③ 用紙サイズを選んでクリック
スクロールバー

スクロールボックス
上下に動かすと見えないリストが表示されます

C　用紙の余白を設定する

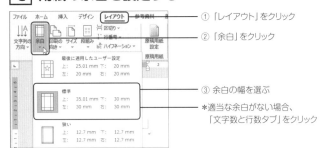

① 「レイアウト」をクリック
② 「余白」をクリック
③ 余白の幅を選ぶ
＊適当な余白がない場合、「文字数と行数タブ」をクリック

D　用紙の向きを設定する

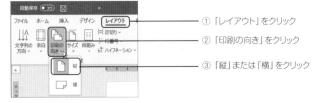

① 「レイアウト」をクリック
② 「印刷の向き」をクリック
③ 「縦」または「横」をクリック

❷ イラストを挿入・配置する

A イラストを挿入

付録のDVD-ROMをパソコンDVD-ROMドライブに入れます。DVD-ROMのセット方法は、お使いの機種によって異なりますので、説明書などを参照して正しくセットしてください。下図の「自動再生」画面が表示されたら、「何もしない」ボタンをクリックして閉じます。

クリック

クリック

次の手順でDVD-ROMからWordにイラストを挿入します。

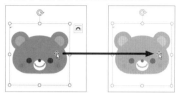

① 「挿入」タブをクリック
② 「画像」をクリック

③ 「PC」をクリック
④ DVD-ROM「kawaii & oshare illust」をダブルクリック

⑤ DVD-ROM にあるフォルダーをダブルクリック

⑥ イラストを表示するには、▼をクリックして「大アイコン」をクリックします。

表示	
特大アイコン	大アイコン
中アイコン	小アイコン
一覧	詳細

レイアウト

⑦ 挿入したいイラストをダブルクリックします。

⑧ イラストが挿入されました。

★違うイラストを挿入してしまったときなど、挿入したイラストを消したいときは、イラストをクリックして選択し、キーボードの「Delete」キーを押します。

B 自由に動かせるようにする

① イラストをクリック
② 「図の形式」タブをクリック
③ 「文字列の折り返し」をクリック
④ 「前面」をクリック

クリックすると○や□の付いた線でイラストが囲まれ選択されます。

★文字列の折り返しについて

「文字列の折り返し」は、挿入したイラスト（画像）と、画面に入力した文字列（テキスト）との関係を設定するものです。

【行内】イラストを文字列の行内に配置します。（挿入した際の初期設定はこの状態）
行内(I)

【四角】文字列がイラストの周囲を四角く囲むように配置されます。
四角(Q)

【狭く】文字列がイラストの外側の輪郭に沿って配置されます。
狭く(T)

【内部】イラストの内部にも文字列が配置されます。
内部(H)

【上下】文字列がイラストの上下に分かれて配置されます。
上下(O)

【背面】イラストが文字列の背面に配置されます。
背面(B)

【前面】イラストが文字列の前面に配置されます。
前面(N)

C 好きな位置に移動する

イラストを好きな位置に移動します。

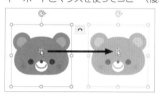

① イラストをクリック
② イラストをクリックすると、ポインターの形が に変わります。マウスボタンを押したまま移動したい位置へドラッグします。

水平移動や垂直移動をする場合は、キーボードの「Shift」キーを押しながら動かします。
キーボードの矢印キー↑↓→←を使うと微調整できます。

D 大きさを変更する

イラストをクリックして選択し、四隅の○マークのひとつをドラッグすると大きさを変えることができます。

① イラストをクリック
② 四隅の○マークのひとつをクリック
③ 希望する大きさまで斜めにドラッグ

★マウスポインターを使った操作

イラストをクリックして表示されるマークは、マウスポインター を合わせる位置によって変わり、それぞれのマークでできることが異なります。

 四隅の○に合わせてクリックして動かすと、縦横の比率を保ったまま拡大・縮小ができます。

 上下の□に合わせてクリックして動かすと、横幅を保ったまま縦幅が変更できます。

 左右の□に合わせてクリックして動かすと、縦幅を保ったまま横幅が変更できます。

 上方突き出た位置にある緑色の○に合わせてクリックすると、イラストを回転することができます。

E コピー（複製）する

キーボードとマウスを使ってコピー（複製）できます。

イラストをクリックすると、ポインターの形が に変わります。「Ctrl」キーを押しながらコピー（複製）したい位置へドラッグします。

★たくさんコピー（複製）したいときは、同じ操作を繰り返します。

★右クリックを使ったコピー（複製）操作

マウスの右クリックを使ってもコピー（複製）できます。

① イラストを選択して右クリック
② 操作メニューの画面が表示されるので「コピー」をクリック

③ コピーしたい位置で右クリックしてメニューを表示します。
④ メニューの貼り付けのオプション下にある マークをクリック

★貼り付けたイラストは「文字列の折り返し」が「行内」になるので「前面」に指定しましょう。（P.155参照）

F きれいに並べる

複数のイラストをきれいに整列させることができます。

① 「Shift」キーを押したまま整列させたい
　イラストを順番にクリック

② 「図の形式」タブをクリック

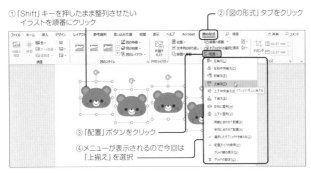

③ 「配置」ボタンをクリック

④ メニューが表示されるので今回は
　「上揃え」を選択

⑤ 「上揃え」できれいに並べることができました。

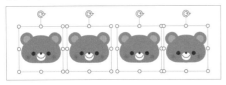

G 重なり順を変える

配置したイラストの重なり順を変えることができます。

① イラストをクリック

② 「図の形式」タブをクリック

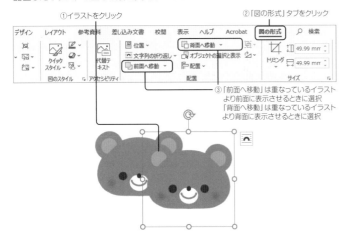

③ 「前面へ移動」は重なっているイラスト
　より前面に表示させるときに選択
　「背面へ移動」は重なっているイラスト
　より背面に表示させるときに選択

H イラストをグループ化する

Wordでは、複数のイラストをひとまとまりにすることを"グループ化する"といいます。

① グループ化したい複数のイラストを「Shift」キーを押しながらクリック

② 「図の形式」タブをクリック

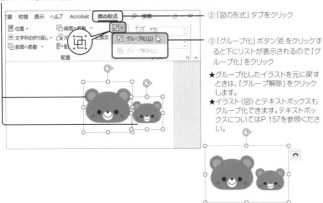

③ 「グループ化」ボタン 回 をクリックす
　ると下にリストが表示されるので「グ
　ループ化」をクリック

★グループ化したイラストを元に戻す
　ときは、「グループ解除」をクリック
　します。

★イラスト（図）とテキストボックスも
　グループ化できます。テキストボッ
　クスについてはP.157を参照くださ
　い。

I トリミングをする

1つのイラストの中に複数のイラストがある場合、一部だけ切り取ることができます。この操作を「トリミング」といいます。

今回は、リンゴ・ナシ・ブドウが描かれたイラストについて、リンゴだけを表示させるトリミングを行ないます。

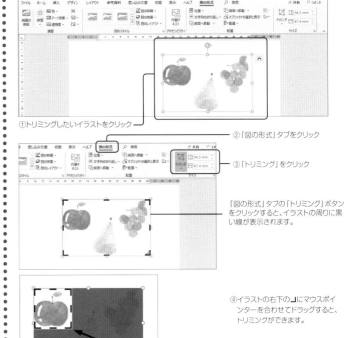

① トリミングしたいイラストをクリック

② 「図の形式」タブをクリック

③ 「トリミング」をクリック

「図の形式」タブの「トリミング」ボタン
をクリックすると、イラストの周りに黒
い線が表示されます。

④ イラストの右下の 」 にマウスポイ
　ンターを合わせてドラッグすると、
　トリミングができます。

⑤ トリミングする範囲が暗く表示され
　ます。

⑥ 範囲外をクリックしてトリミング完了!

③ 名前を付けて保存する

作成したデータは名前を付けて保存をします。

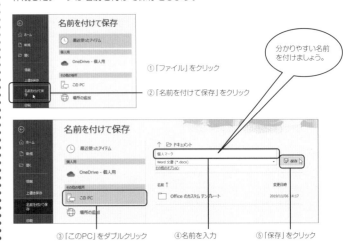

① 「ファイル」をクリック

② 「名前を付けて保存」をクリック

分かりやすい名前
を付けましょう。

③ 「このPC」をダブルクリック

④ 名前を入力

⑤ 「保存」をクリック

④ 印刷する

① 「ファイル」をクリック

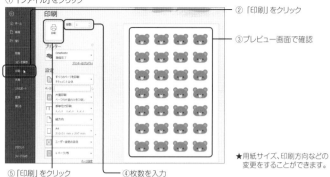

② 「印刷」をクリック

③ プレビュー画面で確認

⑤ 「印刷」をクリック

④ 枚数を入力

★用紙サイズ、印刷方向などの変更をすることができます。

★いろいろな印刷方法

●フチ（余白）なし印刷

ハガキ（P.21、P.139）や当番表（P.28、P.140）、ポスター（P.40～P.47、P.146～P.149）などを用紙いっぱいに印刷したいとき

《ページ設定から行なう場合》

①P.154「◎用紙の余白を設定する」で、「余白」メニューから「ユーザー設定の余白」を選択します。

②「ページ設定」画面が表示されるので、「余白」タブをクリックして、右のように「上下左右」の値を「0（ゼロ）」にして「OK」ボタンをクリックします。

③「余白が印刷できない領域…」メッセージが表示されますが、「無視」ボタンをクリックします。

《「プリンターのプロパティ」の設定から行なう場合》

※プリンターのプロパティは、パソコンに接続しているプリンターによって異なります。お使いのプリンターの説明書をお読みください。

①「ファイル」タブをクリックして「印刷」を選択し「プリンターのプロパティ」をクリックします。

②「基本設定」タブで「四辺フチなし」をクリックしてオンにします。（用紙設定は適宜指定します）ハガキなどの場合はこれで設定終了です。「OK」ボタンをクリックして印刷します。

●ポスター印刷

大きなポスターなど、何枚かで分割して印刷したいとき

①「プリンターのプロパティ」の「ページ設定」をクリックして開きます。

②「割り付け/ポスター」の「ポスター」を選択し、「設定」ボタンをクリックします。

③「ポスター印刷」の画面が表示されるので、「ポスター設定枚数」を選択して「OK」ボタンをクリックします。これで設定終了です。「OK」ボタンをクリックして印刷します。

●縮小印刷

B4サイズで作成し、プリンターがA4サイズまでしか対応していない場合など、縮小して印刷したいとき

①「ファイル」タブの「印刷」をクリックします。

②「1ページ/枚」ボタンをクリックし、「用紙サイズの指定」を選択して、サブメニューから実際に印刷する用紙サイズを指定します。

イラストに文字を入れてみよう

❶ テキストボックスを挿入する

① 「挿入」タブをクリック　　② 「テキストボックス」をクリック

③ 「シンプル-テキストボックス」をクリック

④ 文字を入力

⑤ ボックスの幅が狭いときは□をクリックしたままドラッグ（P.155「★マウスポインターを使った操作」参照）

❷ 文字の書式を指定する

テキストボックスの枠をクリックして選択すると、すべての文字に同じ書式を設定できます。テキストボックス内の文字の一部をドラッグして選択することもできます。

今回は、テキストボックス内のすべての文字を[HGS創英角ポップ]、サイズ[20]、色[赤]、[中央揃え]に設定します。

A 文字の種類・サイズ・色を設定する

① 「ホーム」タブをクリック　　② テキストボックスの外側をクリック

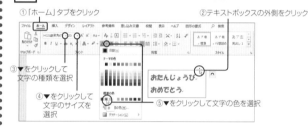

③ ▼をクリックして文字の種類を選択

④ ▼をクリックして文字のサイズを選択

⑤ ▼をクリックして文字の色を選択

B 文字揃えを指定する

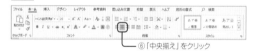

⑥ 「中央揃え」をクリック

❸ 枠内の塗りつぶしと線を設定する

枠線の色や塗りつぶしの色（背景色）をつけたい場合は、色のパレットから選択します。

今回は、[枠線の色]と[塗りつぶしの色]は[なし]を選択します。（テキストボックス作成時の[枠線の色]は[黒]、[塗りつぶしの色]は[白]に設定されています）

⑤ 「図形の枠線」をクリック　　③ 「図形の塗りつぶし」をクリック　　② 「図形の書式」タブをクリック

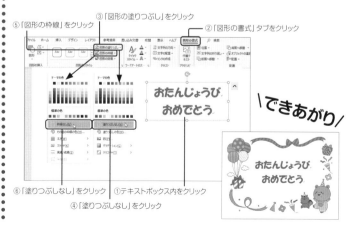

⑥ 「塗りつぶしなし」をクリック　　① テキストボックス内をクリック

④ 「塗りつぶしなし」をクリック

\できあがり/

イラストに色を塗ってみよう

※Windows 10で標準装備されているペイント3Dを使用しています。従来のペイントとは操作や塗り具合が異なりますのでご注意ください。

※ペイントソフトはMac OSでは使用できません。

① ペイント3Dを開く

① 「スタート」ボタンをクリック

② 下にスクロールするか、「最近追加されたもの」をクリック

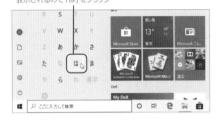

③ 「最近追加されたもの」をクリックした場合、索引が表示されるので「は」をクリック

④ 「は」区分の「ペイント3D」をクリック

〈ペイントを開いたときの画面と主なボタンの役割〉

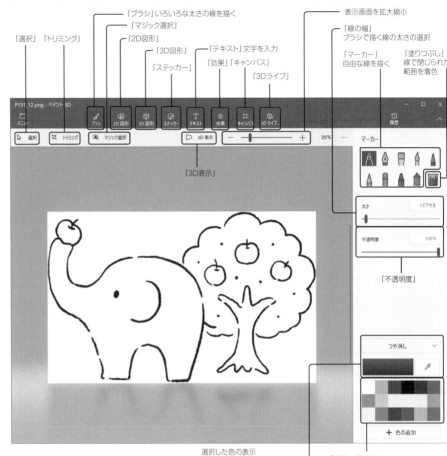

「選択」　「トリミング」

「ブラシ」いろいろな太さの線を描く

「マジック選択」

「2D図形」

「3D図形」

「ステッカー」

「テキスト」文字を入力

「効果」「キャンバス」

「3Dライブ」

表示画面を拡大縮小

「線の幅」ブラシで描く線の太さの選択

「マーカー」自由な線を描く

「塗りつぶし」線で閉じられた範囲を着色

「3D表示」

「不透明度」

選択した色の表示
※「色1」は塗りの色です。
※「色2」は背景色（画用紙の色のようなもの）なので、白のままにしておきましょう。

「カラーパレット」塗ったり描いたりするときに使用する色を選択する

② ペイント3DからDVD-ROMのイラストを開く

今回は、色を塗るために線描きのイラストを選びます。

① ペイント3D起動後「開く」をクリック

② 「ファイルの参照」をクリック

① ナビゲーションウィンドウ の「PC」の中の「DVD ROM」または「DVD RW ドライブ」をクリック

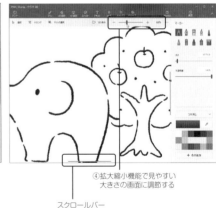

④ 拡大縮小機能で見やすい大きさの画面に調節する

スクロールバー

❸ 色を塗る

［閉じている面を塗るとき］

「塗りつぶし」-¦- を使って色を塗ります。

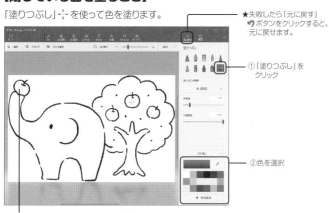

★失敗したら「元に戻す」
⤺ ボタンをクリックすると、元に戻せます。

① 「塗りつぶし」を
クリック

② 色を選択

③ イラスト上でマウスポインターが -¦- に変わるので、塗りたい場所でクリック

［閉じていない面を塗るとき］

閉じていない面で塗りをクリックすると、線がとぎれた部分から色がはみ出して広い範囲で着色されます。このような場合は、とぎれている部分をつないで面を閉じてから塗りつぶします。

線が離れているので象と木が同じ色で塗られてしまいます。

「鉛筆」を使って途切れている線をつなげてみましょう。

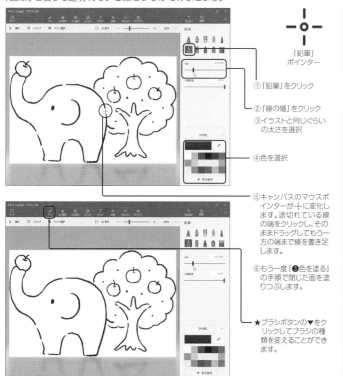

「鉛筆」
ポインター

① 「鉛筆」をクリック

② 「線の幅」をクリック

③ イラストと同じぐらいの太さを選択

④ 色を選択

⑤ キャンバスのマウスポインターが ✛ に変化します。途切れている線の端をクリックし、そのままドラッグしてもう一方の端まで線を書き足します。

⑥ もう一度「❸色を塗る」の手順で閉じた面を塗りつぶします。

★ブラシボタンの▼をクリックしてブラシの種類を変えることができます。

★線や色を消したいとき

「消しゴムツール」をクリック、マウスポインターが -¦- に変わるので消したい所をドラッグします。

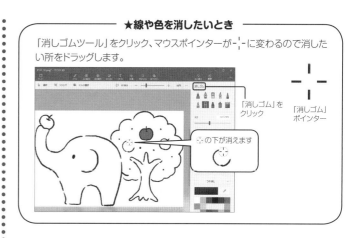

「消しゴム」を
クリック

「消しゴム」
ポインター

-¦- の下が消えます

❹ イラストに名前を付けて保存する

完成したら、いつでも使えるように名前を付けて保存します。

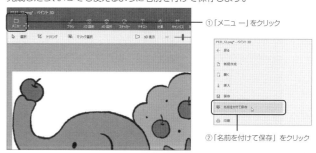

① 「メニュー」をクリック

② 「名前を付けて保存」をクリック

③ 「コピーとして保存」の「画像」をクリック

④ 「ファイル名」に名前を入力

⑤ 「保存」をクリック

\できあがり/

元のファイル名

保存したフォルダー内の確認

ペイント3Dの終了

閉じる

159

イラスト案・編集協力

梅﨑時子

保育士・幼稚園教諭として7年半勤務。その後、保育雑誌や保育図書の編集に携わる。『月刊 保育とカリキュラム』2018年4月号（ひかりのくに・刊）より、毎月のおたよりイラスト＆文例ページにおいて、文例・イラスト案を担当。

イラスト

- あらいのりこ
- 金子ひろの
- 菊地清美
- きど ふみか
- 後藤みき
- サリー
- 鈴木えりん
- たかぎ＊のぶこ
- たはらともみ
- ちこ＊
- つたざわあやこ
- とみたみはる
- なかうちわか
- Nabeco
- ほりいえみ
- miyako
- やまざきかおり

（五十音順）

★STAFF
本文・レーベルデザイン／柳田尚美 [N/Y graphics]
レーベルイラスト／鈴木えりん、つたざわあやこ、なかうちわか
写真撮影／佐久間秀樹
DVD-ROM制作／NISSHA株式会社
校正／株式会社文字工房燦光
企画・編集／三宅 幸・長田亜里沙・北山文雄

保育で使える かわいい＆おしゃれ イラストデータ集

2020年2月　初版発行
2020年6月　第3版発行

編　者　ひかりのくに編集部
イラスト　あらいのりこ・金子ひろの・菊地清美・きど ふみか・後藤みき・サリー・鈴木えりん・たかぎ＊のぶこ・たはらともみ・ちこ＊・つたざわあやこ・とみたみはる・なかうちわか・Nabeco・ほりいえみ・miyako・やまざきかおり
発行人　岡本 功
発行所　ひかりのくに株式会社
　　　　〒543-0001　大阪市天王寺区上本町3-2-14
　　　　TEL06-6768-1155　郵便振替00920-2-118855
　　　　〒175-0082　東京都板橋区高島平6-1-1
　　　　TEL03-3979-3112　郵便振替00150-0-30666
　　　　ホームページアドレス　https://www.hikarinokuni.co.jp
印刷所　NISSHA株式会社